DIE
HAFTPFLICHT DES ARZTES

EIN GUTACHTEN

VON

DR. IUR. ERNST RABEL
PRIVATDOZENT AN DER UNIVERSITÄT LEIPZIG

LEIPZIG
VERLAG VON VEIT & COMP.
1904

HAFTPFLICHT DES ARZTES

DIE

HAFTPFLICHT DES ARZTES

EIN GUTACHTEN

VON

DR. IUR. ERNST RABEL
PRIVATDOZENT AN DER UNIVERSITÄT LEIPZIG

LEIPZIG
VERLAG VON VEIT & COMP.
1904

Vorwort.

Durch eindringliche Vorstellungen der Versicherungsgesellschaften sind in letzter Zeit die Ärzte auf die im Bürgerlichen Gesetzbuch begründete berufliche Haftpflicht aufmerksam gemacht und zum Abschlusse einer hierauf bezüglichen Versicherung aufgefordert worden; und daran schloß sich in den ärztlichen Vereinen vielfach die Erörterung, inwiefern eine derartige Versicherung notwendig und wie sie erforderlichenfalls am zweckmäßigsten zu organisieren sei. Um nun in diesen Fragen eine sicherere Stellungnahme zu gewinnen, gleichzeitig aber auch dem in medizinischen Kreisen laut gewordenen Wunsche nach einem Einblick in das Wesen und die Tragweite der sogenannten Haftpflicht Genüge zu leisten, hat der „Verband der Ärzte Deutschlands zur Wahrung ihrer wirtschaftlichen Interessen" den Verfasser ersucht, gutachtlich darzulegen, gemäß welcher privatrechtlichen Grundsätze der Arzt bei Ausübung seines Berufes in Ersatzverbindlichkeiten verwickelt werden kann und in welchem Maße ihn die Haftungsnormen demnach mit Vermögensgefahren bedrohen. Dieser Aufgabe suchte der Verfasser in den Grenzen, in denen rein juristische Erwägungen die Lösung zuzulassen schienen, durch einen am 9. Juli 1903 in der Leipziger Sektion des Verbandes abgehaltenen Vortrag und im Anschlusse an dessen Form späterhin durch die vorliegende Arbeit zu entsprechen. Die Drucklegung haben äußere Umstände einigermaßen verzögert.

Durch den Zweck der Schrift war derselben einerseits eine möglichst einfache Ausdrucksweise und die Beschränkung des Stoffes auf das eigentliche Thema vorgeschrieben, andererseits doch geboten, die den Einzelentscheidungen unmittelbar entgegentretenden Auslegungs-

und Subsumptionszweifel mehr oder minder zu berücksichtigen. Um den medizinischen Leser durch Einlassung in allgemeinjuristische Fachprobleme nicht allzusehr zu ermüden, wurden einige Exkurse aus dem Texte ausgeschaltet und zum Teil in Anmerkungen, die mit dem Warnungszeichen der spitzen Klammern < > versehen sind, zum Teil in einen Anhang verwiesen. Die Literaturangaben sollen lediglich die Auffindung des Weges zu weiterer Verfolgung des Gegenstandes erleichtern.

Dem juristischen Leser muß notgedrungen angesonnen werden, daß er über die populärwissenschaftliche Einkleidung und über manche Lücken hinwegsehe. An theoretischem oder praktischem Gewinn wird er nichts anderes erwarten als was immerhin ein Versuch ergeben mag, die Anwendung der Culpa- und Schadensersatzlehre auf die Rechtsverhältnisse eines einzelnen Berufsstandes, und zwar eines der sozial wichtigsten, in den Grundzügen durchzuführen. Sollte es der kleinen Abhandlung, über ihren nächsten Zweck der Auskunftserteilung hinaus, gelingen, zum gerechten Ausgleich der Interessen des Ärztestandes und derjenigen des großen Publikums der Leidenden ein Geringes beizutragen, so wären alle Wünsche des Verfassers erfüllt.

Leipzig, am 20. Juni 1904.

Ernst Rabel.

Inhalt.

Abgekürzte Anführungen.

Entscheidungen des Reichsgerichts in Zivilsachen, herausg. von den Mitgliedern des Gerichtshofes.

Entscheidungen des Reichsgerichts in Strafsachen, herausg. von den Mitgliedern des Gerichtshofes (und der Reichsanwaltschaft).

Rechtsprechung des Deutschen Reichsgerichts in Strafsachen, herausg. von den Mitgliedern der Reichsanwaltschaft. 1879—1888.

Planck, Bürgerliches Gesetzbuch nebst Einführungsgesetz, Band 2, 1. u. 2. Auflage. 1900.

Binding, Lehrbuch des Gemeinen Deutschen Strafrechts. Besonderer Teil. 1. Band, 2. Auflage. 1902.

v. Liszt, Lehrbuch des Deutschen Strafrechts, 12. u. 13. Auflage. 1903.

Removeam medicinam: tu philosophe consolaberis? quod hominum genus est, qui sexus, quae aetas, quae non utilitatem ex hac petat?

Quintil. Declam. 268.

Hochgeehrte Herren!

Die drei Zauberbuchstaben, in deren Bann die deutsche Zivilrechtswissenschaft steht, haben es nun auch Ihnen angetan. Das BGB., das bürgerliche Gesetzbuch, zieht in seiner durchsichtigeren und vollständigeren Regelung der Verkehrsverhältnisse naturgemäß die Aufmerksamkeit der einzelnen Berufsstände viel lebhafter auf sich, als es dem vielgespaltenen alten Recht vergönnt war. Rührt aber die verdoppelte Aufmerksamkeit etwa auch daher, daß neue Lebensvorschriften Geltung gewonnen haben? Keineswegs. Wohl geht die Tendenz dahin, die Verantwortlichkeiten eher zu steigern als zu mindern. Eine grundstürzende Veränderung der Pflichtenverteilung jedoch war weder beabsichtigt, noch irgend denkbar. Und auch zur Verschärfung hatte der Gesetzgeber nur ausnahmsweise Anlaß. Denn unser aller Pflichten sind längst sehr hohe. Das bringt in erster Reihe der moderne Verkehr mit sich, der uns ringsum in unendlich viele Beziehungen verwickelt und die zahllosen daraus erwachsenden Obliegenheiten noch dadurch empfindlicher macht, daß er mit den riesigsten Summen rechnet. Welcher Verkehrsgenosse immer sich einmal inmitten all des Hastens und Drängens die Muße nehmen wollte, den Umkreis seiner Pflichten zu überschauen, den könnte leicht angesichts deren theoretischer Mannigfaltigkeit und Schwere ein gelinder

Schauer anwandeln. Meine Herren, der Umblick ist am Platze, das Erschrecken ist überflüssig.

Unbewußt tut ein jeder von uns so ziemlich, was er soll, und gar der Arzt mit seiner hochgespannten Ethik leistet täglich hundertmal mehr, als die Rechtsordnung von ihm begehrt. Gewöhnlich wird erst durch die sogenannten unglücklichen Zufälle die juristische Verantwortlichkeit praktisch. Finster drohend erhebt sich dann aber die Frage: Wo läuft inmitten der „Unglücksfälle" die Linie der rechtlichen Haftung? Eine Operation wird vollzogen, sie mißlingt, der Patient verliert den Arm, wird gelähmt, stirbt; der Operateur ist ob des Erfolges konsterniert. Oder der Arzt kennt voraus die Gefahr; der Patient stirbt in der stets gefährlichen Narkose.

Wann haftet der Arzt?

Wir haben die Antwort zu besprechen, die das Zivilgesetz erteilt. Wer sie verstehen will, wird die Aufgaben des Schadensersatzrechtes berücksichtigen müssen.

Das Privatrecht sühnt nicht mit Strafe an Leib und Leben, sondern nur am Vermögen. Es will nicht strafen, es ahndet aber auch nicht nur die strafwürdigen Verfehlungen. Das Privatrecht will mit seiner Schadensersatzregelung ausgleichen. Ein Schaden trifft zunächst die eine Person, sagen wir hier: den Kranken. Und nun fragt es sich, ob nicht dieser Schaden, soweit Geld es vermag, ausgeglichen, von dem Kranken abgewälzt werden soll, mit anderen Worten, ob ihm ein Anspruch auf Ersatz zuzubilligen ist. Wir bejahen selbstverständlich, wenn eigens durch einen Vertrag für den Ersatz vorgesorgt ist; man wälzt seinen Schaden auf die Unfallversicherungsgesellschaft, auf die Krankenkasse ab. Davon abgesehen wird eine Weiterschiebung des Schadens dann eintreten, wenn die Rechtsordnung dafür einen genügenden Grund vorfindet. Und als solchen genügenden Grund betrachtet man seit den Römerzeiten die schuldhafte Verursachung der Schädigung. Das Verschulden wird dabei kein allzu schweres sein müssen; denn eine relative Verteilung des nun einmal eingetretenen Schadens steht in Frage, und der Unschuldigere ist dem Gesetz natürlich lieber. Das ist aber gewöhnlich auch schon alles. Regelmäßig haftet man nur, wo man Verschulden trägt, wo man Vorwurf verdient. Und diese Regel gilt, wie sofort gesagt sei, ausnahmelos für den Arzt, soweit seine eigenen Handlungen oder Unterlassungen in Betracht kommen. Er haftet für die von ihm selbst zugefügten Schädigungen immer nur und immer dort, wo er schuldhaft geschädigt hat.

Das Gesetz kennt jedoch Ausnahmen, und eine davon ist für Sie praktisch. Das Gesetz hält es nämlich für richtig, den Arbeitsherrn für das Verschulden seiner Gehilfen haften zu lassen (BGB. § 278). Wenn Ihnen z. B. der Gasinstallateur einen Gesellen ins Haus schickt, der den Kronleuchter aufhängen soll, dabei mit der schlecht befestigten Leiter umstürzt und Bildsäulen, Spiegel und Vasen in Trümmer schlägt, so betrachtet man den Installateur dem Schaden sozusagen rechtlich näher als Sie, und obwohl er persönlich ganz unschuldig sein kann, muß er Ersatz leisten. Diese Haftung für fremdes Verschulden tragen auch die Ärzte, die sich zur Erfüllung einer vertragsmäßigen Verbindlichkeit eines Gehilfen bedienen. Unter den maßgebenden legislativpolitischen Gründen für diese Norm ist hervorzuheben, daß der Arbeitsherr, mit dem allein der Dritte den Vertrag geschlossen hat, unkontrollierbar seine Gehilfen auswählt, der Dritte daher dem internen Vorgang zwischen Arbeitsherrn und Gehilfen fremd und ohne Ingerenzmöglichkeit gegenübersteht.

So geht denn, wenn die Rechtsordnung nach allen Seiten hin reichlichst Pflichten und Lasten verteilt, der Arzt nicht frei hinweg. Und bisweilen gewinnt es dabei den Anschein, als würden wir Juristen, so wie es das Publikum nur zu häufig tut, die außerordentlichen Schwierigkeiten des ärztlichen Berufes verkennen und Samariterdienste fordern, um zum Lohne Ersatzrechnungen zu präsentieren. Schon ist dies gelegentlich geäußert worden. Aber der Schein trügt. Die ärztliche

Haftung ist keine neue Erfindung (vgl. die geschichtlichen Notizen, Anhang I)[1]); und ihre heutige Gestalt verdient keinen Tadel. Von einem Mißtrauen des Gesetzes gegenüber den Ärzten kann selbstverständlich keine Rede sein. Gibt doch das Bürgerliche Gesetzbuch seine Normen für alle Berufsstände ohne Unterschied, und erst die Deduktion aus den allgemeinen Vorschriften erzielt die Regeln für den einzelnen Stand. Und mit gleicher Entschiedenheit darf man in Abrede stellen, daß etwa diese allgemein privatrechtlichen Vorschriften, ihrem Geiste getreu angewendet, gerade für den Arzt Unbilligkeiten in sich tragen (ein Vorwurf ähnlich dem, den manche gegen die ebenso allgemeinen Bestimmungen des Strafgesetzes über Körperverletzung und Tötung erheben). Das Bürgerliche Gesetzbuch ist befriedigend; an seiner der Sache entsprechenden Handhabung aber werden es die Juristen nicht fehlen lassen, eingedenk des alten praeceptum iuris: suum cuique tribuere!

I. Abschnitt.

Die Haftungsgründe.

Die privatrechtliche Haftung bildet den Gegensatz der strafrechtlichen und der disziplinaren Verantwortlichkeit. Grundsätzlich ist sie von diesen beiden anderen Verfolgungen vollständig unabhängig.[2]) Nur ist gerade gegen

---

[1]) Sollte sich, wie man allgemein annimmt, da die Scheu des Publikums vor der Betretung des Rechtsweges mehr und mehr abnimmt, die Anzahl der Prozesse gegen Ärzte steigern, so ist auch dies schon dagewesen, in Frankreich wenigstens, wo im Jahre 1861 über die fréquence croissante des procès de responsabilité medicale geklagt wurde (Tardieu in Annales d'hygiène publique XVI, 1861, S. 204), ohne daß eine Gesetzesänderung vorangegangen war.

[2]) In einem einzelnen Falle kann also erfolgen zivil- und strafgerichtliche Verurteilung, oder bloß die eine oder bloß die andere. Das Disziplinarrecht dürfen wir hier vernachlässigen.

Heilpersonen das Strafgesetz rasch entfesselt, da die Leibes- und Geisteskräfte des Kranken und manchmal auch anderer auf dem Spiele stehen. Und wenn daher die bloß zivilrechtliche Verurteilung nicht ebenso häufig allein vorkommt,[1]) als bei anderen Berufen, so kettet sich an die strafrechtliche infolge zweier Gesetzbestimmungen meist eine Ersatzpflicht. Der Strafrichter selber kann nämlich dem Verurteilten eine Geldzahlung an den Verletzten als „Buße" auferlegen, die, gleichzeitig Genugtuung und Ersatz, jeden weiteren zivilrechtlichen Anspruch des Verletzten ausschließt (§ 231 Strafg.). Andererseits ist, wofern eine Buße nicht verhängt wird, jede schuldbare Übertretung des Strafgesetzes nach BGB. § 823 Abs. 2 als „Verstoß gegen ein den Schutz eines anderen bezweckendes Gesetz" für den Zivilrichter eine genügende Grundlage, um den Übertretenden zum Ersatze des durch ihn etwa verursachten Schadens zu verhalten.

Auf die nach strafrechtlichen Grundsätzen bis zum Höchstbetrage von 6000 Mark zu bemessende Buße sei hier nachdrücklichst aufmerksam gemacht; die Versicherungsgesellschaften übernehmen auch dafür die Versicherung. Wir interessieren uns im folgenden bloß für die privatrechtlichen Normen und ziehen das Strafgesetz nur insoweit heran, als der soeben erwähnte § 823 Abs. 2 BGB. uns hierzu zwingt oder aus der reichhaltigen strafrechtlichen Erörterung für unseren wenig behandelten Gegenstand Stoff zu gewinnen ist.

Nach Privatrecht kann aber die Haftung beruhen:

1. auf Vertrag,
2. auf Geschäftsführung ohne Auftrag,
3. auf unerlaubter Handlung (privatrechtlichem Delikt).

1. Der Arzt schließt einen Vertrag mit dem Patienten,

---

[1]) Daß zivilrechtliche Verurteilung oft allein statt hat, trotzdem auch das Strafgesetz sich mit der gleichen „Fahrlässigkeit" begnügt, wie das Privatrecht, beruht auf verschiedenen Momenten, unter anderem z. B. darauf, daß der Beweis einzelner Tatsachen im Zivilprozeß durch den zugeschobenen Eid erledigt werden kann, im Strafprozeß nicht.

wenn beide übereinkommen, daß eine kürzere oder längere Behandlung oder auch nur eine einzige Konsultation stattfinden solle. Wenn ein Privatpatient zu Ihnen in die Sprechstunde kommt und Sie ihn untersuchen, so erfolgt dies immer schon auf Grund eines wortlos geschlossenen Vertrages („Dienstvertrages". S. Anhang II).

Für ein Kind, einen entmündigten Geisteskranken schließt unter Umständen der mit der Sorge für deren Person Betraute, bes. Vater, Mutter, Vormund, den Vertrag in der Art, daß das Kind, der Geisteskranke Vertragspartei ist.[1]) Häufiger wird aber ein Kontrakt so geschlossen, daß der Arzt mit dem Mitkontrahenten A die Behandlung des B vereinbart. Das ist natürlich auch die Regel, wenn ein Vater sein Kind behandeln läßt. Nach diesem Schema gibt es heute unzählige Verträge. Gemeinden, Krankenkassen, Berufsgenossenschaften und Invalidenversicherungsanstalten kontrahieren mit Ärzten über die Heilpflege ihrer Kranken: Theater, Banken und Schulen, Bahnen und Rheedereien engagieren ihre Ärzte. Ähnlich stellen Lebensversicherungs-Gesellschaften usw. begutachtende Ärzte an. Allen diesen Paziszenten gegenüber[2]) ist man vertraglich zur ordnungsgemäßen Hilfegewährung bezw. Begutachtung verpflichtet, wie denn überall, wo ein Vertrag zustande kam, dessen Inhalt in den Grenzen der Möglichkeit und Sittlichkeit für das Rechtsverhältnis die Richtschnur gibt. Erst wo uns die Auslegung des Vertrages im Stiche läßt, entscheiden die Rechtssätze des BGB. über den Dienstvertrag.

Der Vertrag bewirkt zunächst gegen den Arzt nur den Anspruch auf Erfüllung, d. h. auf Erbringung der verein-

---

[1]) Die Grundsätze über die Geschäftsfähigkeit und die Vertretung in persönlichen und rechtlichen Angelegenheiten sind einigermaßen verwickelt. Es wäre namentlich der Honorarforderung wegen sehr zu empfehlen, sich darüber irgendwie zu unterrichten. Vgl. darüber und zum folgenden auch die freilich teilweise irrtümlichen Ausführungen von Flügge, Das Recht des Arztes, §§ 12 ff.

[2]) Des näheren kann sich das Verhältnis sehr verschieden gestalten. Maßgebend sind §§ 328 ff. BGB.

barten Dienste. Schuldhafte Verzögerung derselben (z. B. Ausbleiben von der Visite) oder mangelhafte Leistung (z. B. Kunstfehler) löst, wenn dadurch ein Schaden verursacht wird, den Anspruch auf Ersatz dieses Schadens aus.[1]) Nur mit diesem Anspruch haben wir es zu tun.

2. Als Geschäftsführer ohne Auftrag handeln Sie, wenn Sie dem vermutlichen Willen eines andern entsprechend Ihre Assistenz leisten. Sie behandeln z. B. einen auf der Straße bewußtlos gefundenen Mann oder ein überfahrenes Kind ohne Auftrag, aber gemäß dem vermutlichen Willen des Kranken selbst oder seines gesetzlichen Vertreters. Und das damit eingeleitete Rechtsverhältnis ist in allen wesentlichen Beziehungen, auch was die Honorarforderung betrifft, wie ein Vertragsverhältnis organisiert. Für die Haftung ist dabei durch das Gesetz ausdrücklich eine Erleichterung festgesetzt. Erfolgt das Eingreifen bei „dringender Gefahr“, wie dies in den genannten Fällen zutrifft, so macht nur ein besonders großes Versehen, die sog. grobe Fahrlässigkeit verantwortlich (BGB. § 680). Denn wer rasch eingreift, soll nicht darum büßen, weil er bei ruhiger Überlegung hätte anders handeln müssen. Eben dieser zugrunde liegende Gedanke wird uns übrigens berechtigen, denselben Rechtssatz auch bei ärztlichen Handlungen, die nicht unter die Geschäftsführung ohne Auftrag fallen, anzuwenden, z. B. auf den Fall, daß während einer Geburt plötzlich eine unerwartete heftige Blutung eintritt. Man darf dem Geburtshelfer da nicht zur Last legen, daß er bei einigem Nachdenken eine passendere Methode der Stillung hätte finden können, als die er anwendete. Denn das juristische Prinzip muß sein, daß bei Gefahr im Verzuge das Verschulden nicht nach dem Maßstabe der normalen Situation gemessen werden darf (s. Anhang III und unten II. Abschnitt A I, 2). — Auf das durch Geschäftsführung ohne Auftrag hergestellte ver-

---

[1]) Näher unterscheidet man als Ursachen des Ersatzanspruches Verzug (§ 326 BGB.) und gänzliche oder teilweise Unmöglichkeit der Leistung (§§ 323—325). Eine Modifikation der allgemeinen Regeln wird durch das weitgehende Kündigungsrecht des Arztes (§§ 626, 627) bewirkt.

tragsähnliche Rechtsverhältnis erstreckt sich sonach alles, was wir über Vertragsverhältnisse zu sagen haben werden.

3. Verantwortlich ist man ohne jeden Vertrag oder ein vertragsähnliches Verhältnis: für unerlaubte Handlungen (d. h. Handlungen im engeren Sinne und Unterlassungen.[1]) Wenn mich jemand, den ich gar nicht kenne, auf der Straße plötzlich mit seinem Spazierstock beschädigt, so ist er mir zur Zahlung der Kurkosten verpflichtet; dieses Rechtsverhältnis mit dem Unbekannten hat mir aber erst seine Unvorsichtigkeit verschafft. Seine Haftung beruht auf keinem Vertrage, sondern unmittelbar auf dem Gesetz (§ 823), das in einzelnen Paragraphen genau die Tatbestände der Delikte festsetzt. Einige der wichtigsten dieser Paragraphen passen auch auf Handlungen und Unterlassungen des Arztes bei Ausübung seines Berufes; und dadurch ist insbesondere der Arzt an öffentlichen Krankenanstalten und der unter Umständen[2]) nur mit der Krankenkasse kontrahierende Kassenarzt seinem Patienten verbunden. Aber auch, wo ein Vertrag besteht und verletzt ist, da kann gleichzeitig der Tatbestand des privatrechtlichen Deliktes erfüllt sein, so daß aus dem Vertrage sowohl wie aus der unerlaubten Handlung für den Verletzten Ansprüche entstehen, die in manchen Einzelheiten juristisch differieren und zwischen denen der Verletzte je nach Lage der Dinge wählen wird. Der Anspruch aus Delikten verjährt z. B. in drei Jahren seit der Verletzte den Schaden kannte, der Anspruch aus dem Dienstvertrage erst in 30 Jahren nach seiner Entstehung; andererseits vermittelt die deliktische Beeinträchtigung von Körper und Gesundheit einen Anspruch auf Ersatz auch desjenigen „Schadens, der nicht Vermögensschaden“ ist. (Hierüber unten S. 20.)[3])

---

[1]) Vgl. Reichsg. Entsch. in Zivilsachen Bd. 52 S. 373.

[2]) Hier gibt es eine große Zahl offener juristischer Fragen.

[3]) Hingegen ist hier sehr häufig der sonstige Hauptunterschied zwischen Vertrag und Delikt ausgeschaltet. Die Schuld des Arztes hat nämlich bei jedem Kunstfehler der Ersatz Fordernde zu beweisen (unten S. 22).

II. Abschnitt.

Die Haftung aus eigener Berufsausübung.

A. Die allgemeinen Voraussetzungen der Ersatzpflicht.

I. Materielle Voraussetzungen.

Die Voraussetzungen der Ersatzpflicht sind in materieller Beziehung die folgenden vier: Widerrechtlichkeit, Verschulden, Vorliegen eines Schadens und Kausalzusammenhang zwischen dem schuldhaften Verhalten und dem Schaden.

1. Selbstverständlich muß, damit jemand auf Ersatz verurteilt werde, dessen Verhalten ein widerrechtliches gewesen sein. Er muß von dem Pfade abgewichen sein, den die Rechtsordnung vorschreibt; er muß eine Rechtspflicht verletzt haben. Die wichtigsten Rechtspflichten des Arztes, die zu Ersatzleistung zu führen geeignet sind, wollen wir unter B einzeln betrachten.

2. Gefordert wird ferner ein Verschulden des Arztes, d. i. Vorsatz oder Fahrlässigkeit.

Vorsatz ist das Bewußtsein, daß der bestimmte Erfolg eintreten werde. Von Haftbarkeit wegen Vorsatzes spricht man daher dann, wenn jemand den widerrechtlichen Erfolg seines Handelns, z. B. die Körperverletzung, voraussieht und trotzdem handelt.[1]) Eine moralisch verwerfliche

---

[1]) Streitig ist, ob das Bewußtsein des Täters auch die Rechtswidrigkeit umfassen muß, ob also Vorsatz wissentlich rechtswidriges Verhalten ist (ob Vorsatz z. B. nur vorliegt, wenn der Arzt die Unbefugtheit der Operation kannte). So gestellt, wird die Frage überwiegend verneint. Allein sicher dürfte doch mindestens für das Privatrecht sein, daß bei entschuldbarem Irrtum über die Rechtswidrigkeit des Tuns (z. B. der Arzt hat den undeutlich redenden Patienten unrichtig dahin verstanden, daß er in die Operation einwillige) Vorsatz fehlt. Vgl. Planck, BGB. II S. 610, c.

Absicht braucht dazu gar nicht vorhanden zu sein. Ich habe von einem Fall gehört, wo ein Chirurg seinen Patienten wider dessen erklärten Willen einer höchst gefährlichen Operation unterzog, und ihm dadurch das Leben rettete; der Patient preist noch heute begeistert den Arzt, den er überlebt hat. Aber juristisch betrachtet hat dieser Chirurg vorsätzlich und rechtswidrig den Körper angegriffen und die unmittelbare Gefahr herbeigeführt, rechtswidrig deshalb, weil der Eingriff nicht befugt war, und vorsätzlich, weil er den Eingriff wollte.

Den durch vorsätzliche Handlungen verursachten Schaden[1]) vergüten die Versicherungsgesellschaften nicht.

Fahrlässigkeit ist die Außerachtlassung der im Verkehr erforderlichen Sorgfalt (BGB. § 276). Zwar wußte der Täter hier nicht voraus, daß er den später eingetretenen rechtswidrigen Erfolg erzeuge, er kannte nur dessen Möglichkeit oder ahnte nicht einmal diese. Allein daß er die Gefahr nicht kannte, die er „kennen mußte", daß er nicht sah, was ein Sorgfältiger an seinerstatt gesehen hätte,[2]) das verurteilt ihn, denn es ist Fahrlässigkeit.

---

[1]) Nicht bloß den „vorsätzlich", d. h. mit der Absicht der Schädigung, verursachten Schaden, vgl. Ehrenberg in der „Unfallversicherungs-Praxis" III (1900) S. 102.

[2]) Regelmäßig ist mit diesem zu Sehenden aber nicht Gesehenen juristisch derjenige schädliche Enderfolg gemeint, welcher die Haftung begründet, z. B. der Verlust des Armes; regelmäßig gehört also zum Verschulden die subjektive (vom Standpunkte des Täters aus beurteilte) Voraussehbarkeit des Haftung begründenden Erfolges. Niemals dagegen die subjektive Voraussehbarkeit des Schadens (z. B. Entgang eines monatlichen Verdienstes von 100 Mark). Der Täter ist also haftbar, wenn er die Körperverletzung voraussehen mußte; er haftet dann aber, gleichgültig ob er die schädliche Weiterwirkung der Verletzung voraus erkennen oder berechnen konnte. Nach einzelnen Gesetzesbestimmungen genügt schon ein geringeres, so nach § 823 Abs. 2 BGB. Wer wissen muß, daß ein Krankheitsfall Erkrankung an Cholera ist, und die Anzeige bei der Polizeibehörde unterläßt, der ist für die Folgen der unterbliebenen Isolierung als den Erfolg seines Handelns verantwortlich, wenn er sie auch nicht voraussehen konnte. — Das Vorhandensein potentieller „mitwirkender Ursachen" der Schädigung (darüber unter Z. 3b) muß immer in Rechnung gezogen werden.

Wie bestimmt sich nun das Maß der vom Arzt verlangten Sorgfalt? Gemäß richtiger Ansicht (s. Anh. IV) nach einem objektiven Maßstabe: Der einzelne Arzt soll diejenige Sorgfalt aufwenden, die der Verkehr von jedem ordentlichen Arzte verlangt. Wir denken also an einen Durchschnitts-Musterarzt, an einen abstrakten Arzt, nicht zu gut, nicht gerade Idealarzt, nicht allzu schlecht, sondern so, daß der Verkehr in heutiger Zeit mit ihm auskommen kann. Und an ihm messen wir die Handlungen des einzelnen ab. Das heißt nicht etwa, daß sich einer benehmen muß wie der andere, sondern daß wir fragen: darf ein ordentlicher Arzt in dieser Lage so handeln, sich diese Freiheit nehmen? Auch unser Musterarzt ist ein mit Fleisch und Blut gedachtes Wesen, und wir denken ihn uns in eben derselben Situation, in der sich der angeschuldigte Arzt bei Beginn seiner Schuld befand. Es wird uns daher nicht beifallen, dem Arzt die gleiche Dienstfertigkeit zuzumuten, ob er in bequemer Muße seinen Kranken untersucht, oder von Ortschaft zu Ortschaft eilend, zu Tode ermüdet, nachts aus dem Bette geholt. Daß der Arzt nicht gegen Hitze und Kälte und eigenes Unwohlsein gefeit ist, und daß er bei mangelndem Licht, ohne Beihilfe, ohne Instrumente,[1]) irregeführt durch unkontrollierbare Anamnese und Berichterstattung der Angehörigen, seine Kenntnisse und Geschicklichkeiten nicht voll anzuwenden vermag, das müssen die Juristen selbstverständlich berücksichtigen; und was darüber von Medizinern anklagend gesagt wurde[2]), hat sich nur gegen die unrichtige gerichtliche Anwendung der Normen zu wenden, die vorgekommen sein mag. Vielleicht begegnen auch jetzt meine Behauptungen juristischem Widerspruche. Aber der Verkehr braucht keinen Arzt, der niemals ermüdet, der alles weiß und alles kann; wenn er ihn brauchte, wo sollte er ihn suchen?

---

[1]) Dabei ist an diejenigen Instrumente gedacht, die nicht der Arzt mitzunehmen verpflichtet ist.

[2]) Bes. von Virchow, Abhandl. II S. 516. Zur Sache vgl. Säxinger in Maschkas Hdb. d. ger. Med. III S. 659.

Doch freilich, der ordentliche Arzt wird sich auch selbst die Grenzen seiner Kraft gegenwärtig halten. Niemals die Hindernisse der Situation, wohl aber, daß er trotz der Hindernisse es unternommen hat, zu handeln, kann dem Arzte zur Last fallen. So ist es keine Entschuldigung für ihn, daß er noch zu jung und unerfahren, daß er ein schlichter Landarzt oder schon zu alt und schwächlich oder Spezialarzt für andere Leiden sei. Wir rechnen es ihm zum Verschulden an, wenn und soweit er, obwohl nicht oder nicht mehr tauglich, sich ohne Not allzu schwierigen Aufgaben unterzog. Was man als zu schwierig anzusehen habe, und inwieweit sich berühmte Operateure dabei mehr zutrauen dürfen als andere — das, meine Herren, werden Sie natürlich besser zu beurteilen vermögen, als die Juristen. Gar zu strenge darf man da sicherlich nicht sein, sonst wäre der frohe Mut unserer Ärzteschaft dahin. Immerhin werden sich bei jedweder Milde doch manche Härten für den Einzelnen ergeben; und es werden dadurch auch große ärztliche Berufsfragen brennend, wie die praktische Ausbildung der jungen Ärzte[1]) und die Versorgung der invaliden und vom Alter geschwächten. Allein keine andere Regel wäre brauchbar. Griffen wir statt zu dem objektiven zu einem subjektiven Maßstabe, und müßten wir jemanden schuldfrei halten, der getan hat, was in seinen unzulänglichen Kräften stand, dann müßten wir ja immer den Kurpfuscher freisprechen, der nichts kann und daher unter dem, was er kann, nicht zurückbleibt, während nach der

---

[1]) Es ist gewiß ein schwerwiegendes Problem, wie die Opfer der medizinischen Neulinge zu schützen und doch der ärztliche Nachwuchs am Krankenbette auszubilden sei. Und was darüber Weressájew, Bekenntnisse eines Arztes, sagt, stimmt bei aller Verstiegenheit und krassen medizinischen Ignoranz doch nachdenklich. Der einzelne Arzt wird vom Gesetze zermalmt, und seine Schuld ist geringer als die des Unterrichtes, und da wieder walten kaum überwindliche Schwierigkeiten. Es wäre erfreulich, wenn sich die Ärzte für diese eminente Standesfrage stärker interessieren würden. (Allerdings eine uralte Frage: discunt periculis nostris et experimenta per mortes agunt, klagt Plinius hist. nat. 29, 1 c. 8 § 17.)

richtigen Meinung der Kurpfuscher seiner Haftung durchaus nicht entgehen wird.[1])

Aus dem Prinzipe, daß das Verhalten der ordentlichen Berufsgenossen maßgebend sei, fließen demnach an sich klare Regeln. Schwierig aber scheint ihre Durchführung — weil sie geltende Gewohnheiten verletzt —, wenn man die Grenze ziehen soll zwischen den subjektiven, den Arzt nicht befreienden Umständen, und den unabhängig von ihm bestehenden, die Berufsausübung erschwerenden Verhältnissen. Was sollen wir sagen, wenn ein Arzt, wie es vorgekommen ist, von häuslichem Kummer bedrückt, in der überlasteten Sprechstunde, in einer unter solchen Verhältnissen begreiflichen Zerstreutheit einen verhängnisvollen Griff nach dem Fläschchen Karbolsäure statt nach dem Augenwasser tut? Sind das nun Umstände, in die wir unseren Musterarzt ebenfalls hineinzudenken haben, oder nichtssagende persönliche Verhältnisse? Die Entscheidung kann bisweilen einigen Takt verlangen, sie ist aber theoretisch mit Sicherheit zu geben. Die Frage steht nach den obigen Ausführungen einfach dahin, ob der ordentliche Berufsgenosse sich in eine solche Situation

---

[1]) Hierüber laufen in medizinischen Erörterungen längst veraltete, sehr sonderbare Ansichten um. (Z. B. Kühner, Vjschr. f. ger. Med. 1893, VI, S. 115.) Maßgebend ist ausschließlich die vom bayrischen O.G.H. im Jahre 1875, vom Bad. Justizministerium im Jahre 1878 (abgedruckt bei Mair, Friedreichs Bl. f. ger. Med. 1888, S. 429), vom Reichsgericht Strafsenat III am 12. April 1882 (Rechtsprechung IV, S. 313) gebilligte Auffassung, daß bereits in der Übernahme einer ärztlichen Handlung durch eine hierzu nicht vorgebildete Person das Verschulden liegt und daß auch der Straferhöhung wegen Verletzung der berufsmäßigen Sorgfalt der berufsmäßige Kurpfuscher unterliegt. Nicht widersprechend Reichsger. Urt. in Strafs., 26./X. 1893 in Goltdammers Arch. Bd. 41, S. 395. Zum Strafrecht vgl. Stooß, Chir. Oper., S. 57 f. und v. Liszt, Lehrbuch des Strafrechtes [12], S. 186, N. 5. Schon vor Jahrhunderten ist gelehrt worden (vgl. Lampe in der im Anhang I angeführten Schrift vom J. 1736, S. 138) die Pfuscher seien in Schuld, etsiamsi se omnia *κατὰ δύναμιν καὶ κρίσιν,* pro nosse et posse, quantumque viribus et animo valuerint, quod Germani efferunt, es seye gut gemeynet gewesen, perfecisse jactitent — (weil bei ihnen) id iam culpa est, quod se immisceant rei ad se non pertinenti.

begeben hätte. Und da kann man wohl nicht umhin zu sagen: Fühlen Sie sich in so hohem Maße übermüdet, bekümmert, unwohl, daß erkennbarerweise die verantwortungsreiche Praxis nicht unbeeinträchtigt geübt, der vertrauensvoll sich hingebende Kranke nicht normal behandelt werden kann, so werden Sie als ordentliche Ärzte die Praxis zeitweilig einstellen; und wenn ein Kreisphysikus, der mehrere Ämter auf sich vereinigt und gleichzeitig Privatpraxis ausübt, dauernd überlastet ist, so wird er sich um Abhilfe umzusehen haben. Das sind vielleicht auf den ersten Blick zu streng erscheinende Postulate, an ihnen müssen wir aber im allseitigen Interesse festhalten. Ein jeder Verkehrsgenosse bleibe in seinen Schranken; sonst türmen sich die Opfer der Zusammenstöße. Allein werfen wir darum einen Stein auf den im täglichen Dienst sein eigenes Ungemach verleugnenden Landarzt, den heldenmütig im Kriege sich aufreibenden Militärarzt? Das anzunehmen wäre ein Mißverständnis. Nur ohne Not, und zwar die Not des Kranken, soll der Arzt nicht zu schwierige Aufgaben übernehmen. Die Hilflosigkeit des Patienten kompensiert die Geschwächtheit des Arztes. Wo zuverlässigere Hilfe nicht zu erwarten ist, da wird sich niemals der Arzt, mag er noch so erschöpft sein, Recht und Pflicht zum Eingreifen nehmen lassen. Und er ist auch vor dem Gesetze rein; denn Vorwurf, Verschulden ist da nirgends zu entdecken. Wo schließlich die „Not" zweifelhaft ist — da gilt zugunsten des Arztes der alte erprobte Satz: in dubio pro reo. Im Zweifel für den Beschuldigten.

Steht nun aber ein Verschulden des Arztes auch fest, so kann dessen Wirkung beeinträchtigt werden, durch ein eigenes Verschulden des Beschädigten. Ein Arzt in Basel nahm einem 15jährigen Dienstmädchen zu Zwecken einer Transplantation 24 Stückchen Haut von Armen und Beinen, ohne die Zustimmung des Vaters einzuholen; trotz seiner strengsten Vorschrift legte sich das Mädchen darauf nicht zu Bett. Der Sachverständige warf dem Arzte vor, daß er hätte wissen müssen, ein

Dienstmädchen könne sich nicht die nötige Schonung angedeihen lassen, das Gericht stellte aber im Gegenteil fest, das Mädchen habe die Möglichkeit der Schonung gehabt.[1]) Zivilrechtlich den Fall betrachtend, wird man, je nachdem das Mädchen mutwillig oder pflichtgemäß seinen Dienst verrichtete, ein Verschulden desselben annehmen oder nicht, und bei vorliegendem Verschulden sofern die erfolgte Eiterung der Wunden ganz oder teilweise durch das Aufbleiben und Diensttun verursacht ist, unter billiger Berücksichtigung der konkreten Umstände den Arzt ganz freisprechen oder ihn zum Ersatz eines Teiles des Schadens verurteilen (BGB. § 254). Ebenso kann z. B. der Kranke eigenes Verschulden tragen, wenn er einen erkennbar untauglichen Arzt gewählt hat. Aber leichthin wird man ein solches Verschulden nicht gelten lassen.[2]) Denken wir nur wieder an das vertrauensselige Publikum der Naturheilkundigen und Kurpfuscher, das sonst regelmäßig um seinen Ersatzanspruch käme.

Damit von einer Ersatzpflicht die Rede sei, muß die Handlung oder Unterlassung, die man dem Arzt als schuldhaft anrechnet, eine Schädigung verursacht haben. Wenn ich z. B. einem Patienten, der morgen an Lungentuberkulose zugrunde gehen wird, heute Syphilis injiziere, so tue ich zweifellos etwas höchst bedenkliches, aber die Tat führt zu keiner merklichen Schädigung des Kranken, und daher vielleicht zur strafrechtlichen, sicher aber nicht zur zivilrechtlichen Verfolgung. **Das schuldhafte Verhalten muß einen Schaden verursacht haben**, um die Haftpflicht wachzurufen. Wir reden zuerst von der Verursachung, sodann vom Schaden.

3. Der Begriff der Verursachung oder des **Kausalzusammenhanges** ist einigermaßen kompliziert; darüber

---

[1]) Abgedruckt bei **Oppenheim**, Das ärztliche Recht zu körperlichen Eingriffen, S. 43—48. Der Arzt wurde kriminell freigesprochen.

[2]) Richtig bemerkt **Flügge** S. 71, das Maß der Sorgfalt, mit welchem der Kranke zu handeln verpflichtet (das Wort ist uneigentlich gebraucht) ist, sei ein geringeres als das vom Arzt erwartete. — Unter anderem ist auch Zurechnungsfähigkeit des Kranken erforderlich.

redet sogar eine dritte Fakultät mit, die philosophische, und die juristische Lehre ist gerade momentan in einer Umwälzung begriffen. Doch keineswegs ist die Rechtshandhabung diesbezüglich so unklar oder so lax, daß manchen Handbüchern der gerichtlichen Medizin Glauben geschenkt werden dürfte, welche versichern, durch das Erfordernis des Kausalnexus sei bei der Schwierigkeit auch der nachträglichen Berechnung eines Krankheitsverlaufes die Haftung illusorisch gemacht.[1]) Allerdings: der Kläger muß gegen den Arzt beweisen, daß der Schaden durch des letzteren schuldhaftes Verhalten verursacht sei; und dieser Beweis wird häufig schwierig sein, weil es unsicher ist, ob der feststehende Lapsus des Therapeuten, z. B. die grob verfehlte Verabreichung eines Abführmittels, diesem Kranken noch überhaupt zu schaden vermochte. Der Fehler mußte vielleicht den Tod herbeiführen, aber ob er ihn herbeigeführt hat, und nicht vielmehr der schon vorgefundene Zustand des Kranken ganz allein, oder nachträglich eine der tausend Tücken, die für uns alle stets bereit stehen, wiederum ohne Rücksicht auf das ärztliche Verhalten, das bleibt vielleicht dunkel. Und ist solcherart der Zusammenhang unsicher, so wird die Klage natürlich abgewiesen.[2]) Die Behauptung jener medizinischen Schriftsteller geht aber in doppelter Beziehung zu weit, sowohl was den erwähnten Beweis,

---

[1]) Hiergegen auch Ehrenzweigs Assekuranz-Jahrbuch XIII, S. 65.

[2]) Vgl. v. Liszt, Deliktsobligationen S. 69; O. L. G. Dresden 22. Jänner 1901 in Falckmanns Rechtsprechung II S. 483. Bezüglich der ärztlichen Fehler vgl. Mair in Friedreichs Bl. f. g. Med. 1888 S. 221 ff.; und von Urteilen z. B. das des Landgerichtes Halle vom 12. Oktober 1895, Ärztliche Sachverständigenzeitung 1896 S. 232 (darüber Landau, Arzt und Kurpfuscher S. 25). An der Grenze der Gewißheit steht der bei Oesterlen in Maschka's Handb. d. ger. Med. III S. 637 erzählte Fall: Ein Wundarzt hatte dem Gutachten nach infolge grober Unwissenheit ein Aneurysma für einen Abszess gehalten und geöffnet; der Patient war aber bereits vorher so stark erschöpft, daß er auch bei geeigneter Behandlung „kaum länger gelebt haben würde“; daher Freispruch.

als insbesondere was die materiellen Grundlagen der Haftung angeht.

Ein Beweis ist nach unserer Prozeßordnung erbracht, wenn der Richter nach freier Würdigung die Überzeugung von der Richtigkeit der zu beweisenden Tatsache erhält. Diese verläßliche und begründete Überzeugung muß der Kläger ihm verschaffen; eine positive Sicherheit ist in menschlichen Dingen wohl niemals zu finden. Eine unzweideutige Entscheidung in diesem Sinne bringt aber nicht selten schließlich das anatomische Messer oder auch sonst die untrügliche Wahrnehmung der Sachverständigen.

Wichtiger ist das Zweite. Wenn man Verursachung postuliert, so fordert man damit nicht, daß die Tat die einzige oder wirksamste, sondern nur, daß sie eine Bedingung des Erfolges sei. Zwei Hauptfälle sollen Ihnen dies illustrieren.

a) Ein praktischer Arzt diagnostizierte den Zustand einer gebärenden Frau falsch und nahm überdies die auch nach seiner Diagnose erforderliche Wendung des Kindes nicht vor. Die Sachverständigen erklärten, daß möglicherweise der Tod auch bei sachgemäßer Behandlung (später?) eingetreten wäre. Das Reichsgericht[1]) hielt den Arzt für strafbar, weil sein fahrlässiges Verhalten den Tod herbeiführte, wenn auch andere Umstände

---

[1]) Entsch. i. Strafsachen vom 25. Juni 1896, Deutsche Juristenzeitung I, S. 406. Entsprechend hatte das R. Ger. am 3. Juli 1884 Rechtsprechung VI, S. 505 = Ärztl. Vereinsblatt XIV, Nr. 154 (vgl. über den Fall unten S. 38) und am 18. September 1888 ebd. X S. 493 entschieden. Auch auf ein analoges zivilrechtliches, allerdings nicht von Heileingriffen redendes Urteil d. Bayr. O. L. G. aus neuester Zeit vom 30. April 1902 (Sammlg. v. Entscheidungen III S. 353) sei hingewiesen. — Die Entscheidung vom 25. Juni 1896 wird auch vom Straßburger L. G. in dem berühmten Prozeß gegen den Dr. med. Flocken (wegen Vergiftung durch zweimaliges versehentliches Verschreiben von extractum colchici statt tinctura colchici) richtig herangezogen; im weiteren Verlaufe verwirren sich aber die Entscheidungsgründe stark. (Dieselben und der ganze dramatische Verlauf des Prozesses im „Neuen Pitaval“, Neue Serie 23, S. 99 ff. 140.)

(z. B. der vorgefundene Zustand, die behandelte Wunde selbst) nachher ohnedies den Tod herbeigeführt hätten. Ganz dasselbe gilt nach Zivilrecht. Nur wird hier lediglich der durch das fahrlässige Verhalten herbeigeführte Schaden zu ersetzen sein; ist also z. B. anzunehmen, daß der Tod ohne jenes Verhalten einen Monat später eingetreten wäre — den Zeitraum hat das Gericht im Zweifel wieder zu Gunsten des Beschuldigten kürzer anzunehmen — so ist nur zu vergüten, was dem Geschädigten dadurch entging, daß der Patient früher starb, z. B. etwa eine Erbschaft, die dem Verstorbenen in der Zwischenzeit angefallen wäre.

b) Der Fehler, z. B. die überflüssige Verlängerung eines operativen Eingriffes, erzeugt infolge abnormer Leibesbeschaffenheit oder weil die Konstitution durch schlechte Nahrung geschwächt ist, einen schweren Erfolg.[1]) Der Arzt haftet, denn er mußte wissen: aliud alio mortiferum esse solet. Oder der inkorrekt behandelte Kranke macht vorzeitige Bewegungen und vergrößert so die Folgen;[2]) oder Zuziehung eines anderen Arztes hätte noch nachträglich helfen können[3]) — der Arzt haftet. Denn es genügt, daß sein Fehler den ersten Anstoß gab, die mitwirkenden Ursachen muß er mit tragen.[4]) Nur in

---

[1]) Die Haftung steht fest. Falsch z. B. Mair in Friedreich's Bl. f. ger. Med. 1888, S. 443.

[2]) So erklärt das zitierte Urteil, Rechtsprechg. VI, S. 505, „das unzweckmäßige Verhalten des Verletzten, den in der Folge vorgenommenen Transport des Verletzten“ für gleichgültig. Vgl. Kühner, Kunstfehler, S. 49.

[3]) Vgl. das durch das Reichsgericht bestätigte Urteil, welches Häbler, Vierteljahrsschrift f. ger. Med. XV (1898), S. 307 publiziert, und das nicht gegen einen Arzt ergangene Urt. des Reichsger. Stfs. III, 4. Juni 1883 Rechtsprechg. V, S. 403.

[4]) Die juristische Diskussion über den Kausalnexus erörtert aber lebhaft den Unterschied zwischen diesen mitwirkenden Ursachen und den die Tatwirkung ablösenden Ursachen. Wenn der Kranke z. B. von einem Dritten erschlagen wird, so hat sein Tod mit dem vorausgegangenen Kunstfehler natürlich gar nichts zu schaffen. Wie aber, wenn der Kranke der Verletzung wegen in das Krankenhaus gebracht und dort infiziert wird? Die Infektion wäre ohne die Ver-

einem Fall werden wir im Zivilrecht gegenteilig entscheiden. Dafern nämlich dem Kranken selbst Verschulden beizumessen ist — und daß dies nicht häufig möglich ist, gilt auch da — wird wieder § 254 B.G.B. in Anwendung kommen und der Schaden zwischen dem Beschädiger und dem Beschädigten billig aufzuteilen sein. Vgl. oben S. 14.

4. Der Schaden des Verletzten, der den Ersatzanspruch hervorruft, muß regelmäßig ein Vermögensnachteil sein, d. h. eine Verminderung des derzeitigen Vermögens oder der Entgang sicher zu erwartenden Gewinnes. Z. B. der Kranke verliert die Arbeitsfähigkeit und ist dadurch in seinem Einkommen, seiner Beförderung beeinträchtigt;[1]) der Tod raubt den Hinterbliebenen den Ernährer. Diese ganze Störung hat der schuldhafte Täter

---

letzung nicht eingetreten; sie ist durch die Verletzung bedingt (conditio sine qua non), der Kausalzusammenhang ist also gegeben. Aber wie unwahrscheinlich ist eine solche Infektion in unseren Tagen, wo chirurgische und Infektions-Abteilungen fast immer getrennt sind! Darum fragt es sich, in welchen Grenzen das logische Bedingungsverhältnis, welches zwischen der haftungbegründenden Tat und ihrer weiteren Schadenswirkung (Infektion, Arbeitsunfähigkeit, Einkommensverlust) wirklich begründet ist, im Schadensersatzrecht ohne weiteres zu Lasten des Täters anzuerkennen sei. Man neigt mehr und mehr dazu, den Täter nicht für alles und jedes, was in der Folge geschieht, auch das objektiv Unwahrscheinlichste, verantwortlich zu machen. Man emanzipiert sich also jetzt allmählich wieder von dem philosophischen Begriff des Kausalzusammenhangs und schafft einen neuen juristischen, indem man in dem obigen Beispiel die Infektion nicht mehr als entwickelnde, sondern wie man sich früher mehr drastisch als korrekt auszudrücken pflegte, als eine neue, den Kausalzusammenhang „unterbrechende" Ursache betrachtet. Über die verschiedenen Ansichten vgl. Enneccerus, Bürg. Recht[2] S. 406. Für das Strafrecht siehe neuestens v. Rohland, die Kausallehre des Strafrechts (1903) S. 52. 54, und die ausgezeichnete Darlegung bei Finger, Lehrbuch des Deutschen Strafrechts (1904) S. 274 ff.

[1]) Die Nachteile „für den Erwerb oder das Fortkommen des Verletzten" (§ 842) sind noch Vermögensschaden. Das ergibt sich nicht allein aus der Natur der Sache, sondern auch aus der weiteren Bestimmung (§ 847) betreffs des „Schadens der nicht Vermögensschaden ist". (Vgl. Planck § 843 Z. 2; gegenteilig v. Liszt, Deliktsobligationen S. 63.) Hieraus folgt aber, daß auch der Vertragsanspruch gegen den Arzt die in § 842 bezeichneten Nachteile umfaßt.

auszugleichen (§§ 842, 844 vgl. auch 845). Und wenn Sie etwa an einen auf großem Fuß lebenden Bankdirektor mit enormem Einkommen und ohne Vermögen denken, so könnte seine unterhaltsberechtigte Familie in einem — da allerdings infolge der Konsilien usw. wohl selten vorkommenden — Falle ärztlicher Haftpflicht eine ganz ansehnliche Rente zu fordern haben;[1]) auch die Eisenbahn-Haftpflicht führt ja mitunter zu sehr hohen Verurteilungen.

Bei deliktischen Verletzungen des Körpers, der Gesundheit oder der Freiheit, in Ihren Fällen daher relativ häufig, ist nebst dem pekuniären auch der sogen. immaterielle Schaden zu vergüten. Es ist eine billige Entschädigung in Geld zu zahlen für Leiden, die das Vermögen nicht angehen: Schmerzen und geistige Depression („Schmerzensgeld"), Verunstaltung des Körpers, Zeugungsunfähigkeit, Unfruchtbarkeit, verminderte Heiratsaussicht u. dgl. (§ 847).

Der Ersatz kann bei Möglichkeit und beiderseitigem Einverständnis in Wiederherstellung des früheren Zustandes bestehen, indem der Arzt die Heilung besorgt und Medikamente, Salben, Binden usw. liefert. Regelmäßig aber geschieht die Vergütung durch Zahlung von Geld, einer Rente oder Kapitalsumme.[2])

II. Die Geltendmachung der Ersatzpflicht und die Beweislast.

Von den prozessualen Gestaltungen, welche die Haftpflicht hervorbringen kann, sind die wichtigsten:[3]) Der

---

[1]) Daß solche Fälle vorkommen können, wird natürlich allseits zugegeben; vgl. die Reden von Schönheimer und Goetz auf dem Kölner Ärztetag 1903, Ärztl. Vereinsblatt 1903, Okt. III, S. 40, 42. Welche Folgen daraus für die Organisierung der Haftpflichtversicherung zu ziehen sind, ist eine andere Frage.

[2]) Näheres in den §§ 249—251, 843—845.

[3]) Zu erwähnen wäre noch die Erklärung der Aufrechnung gegenüber anderweitigen Forderungen des Arztes (z. B. aus einem Darlehen); sodann die Klagen auf Feststellung, daß dem Arzt ein Honoraranspruch zustehe, bzw. nicht zustehe; und die Bestreitung des auf Honorarzahlung aus Geschäftsführung ohne Auftrag Belangten, daß die Geschäftsführung dem Willen des Geschäftsherrn (§ 683) entspreche.

Verletzte klagt gegen den Arzt auf Ersatz. Oder der Arzt klagt auf Zahlung des vertragsmäßigen Honorars, und der Beklagte macht demgegenüber sein Recht auf „Rücktritt vom Vertrage" geltend oder erhebt die „Einrede des nicht erfüllten Vertrages" mit daranschließender Schadenliquidierung, und verweigert die Zahlung des Honorars ganz oder bis zum Betrage des Schadens. Daraus ergibt sich, daß man die Einbuße des haftpflichtigen Arztes nicht, wie das meistens geschieht, mit der Summe identifizieren darf, die der Arzt herauszahlt; der Entgang am Honorar ist hinzuzurechnen. Und es wären daher künftig Ihre Versicherungsbedingungen daraufhin zu prüfen, ob deren Fassung den Rückersatz des ganzen Verlustes aus der Haftpflicht, nicht nur die Vergütung des das Honorar übersteigenden Betrages ermöglicht. Ferner sieht man aber auch, daß es sich nicht immer um einen „Schadensersatzanspruch" im Sinne des Gesetzes handelt, da dieser Begriff den Rücktritt, d. i. die nachträgliche Aufhebung des Vertrages wegen Verschuldens des Arztes, nicht mit umfaßt. Das Resultat ist aber stets ziemlich das Gleiche[1]), und auch wir sprechen daher a potiori nur von der Ersatzforderung, und der Einfachheit halber von der Ersatzklage.

Mit dem Beweise verhält es sich folgendermaßen. Stützt sich der den Ersatz Fordernde auf eine unerlaubte Handlung des Arztes, so muß er alle Voraussetzungen, Rechtswidrigkeit, Verschulden,[2]) verursachten Schaden,[3])

---

[1]) Mit Rücksicht auf BGB. § 346.

[2]) Näheres darüber, worauf sich das zu erweisende Verschulden erstreckt, oben S. 10 N. 2.

[3]) Doch kommt bez. des Bestandes und der Höhe des Schadens dem Verletzten die Zivilprozeßordnung § 287 mit einer Beweiserleichterung entgegen; und dieselbe wird von der Praxis auf den Nachweis des Kausalzusammenhangs ausgedehnt. Vgl. Rümelin, Arch. f. zivilist. Praxis Bd. 90 (1900), S. 291. Diese Erleichterung soll aber nur von formalistischen und pedantischen Beweisen befreien, wo der Richter bereits eine hinreichende Überzeugung aus triftigen Gründen gewonnen hat. Der Schaden und der Kausalnexus müssen klar sein. Vgl. oben S. 16.

nachweisen. Besteht aber eine Vertragspflicht für den Arzt, so gilt zwar das Gleiche hinsichtlich des Schadens und des Kausalzusammenhanges, hingegen ist es regelmäßig Sache des Arztes, darzutun, daß die Pflicht nicht oder ohne sein Verschulden verletzt wurde. Hatte z. B. der Arzt ein Attest abzugeben, so muß er beweisen, daß er es abgegeben habe oder daß ihm das Abgeben ohne sein Verschulden unmöglich ward. Dabei ist jedoch eines wohl zu beachten. Wenn die ärztlichen Dienste angenommen wurden und nachträglich deren Mangelhaftigkeit behauptet wird, so ist diese Mangelhaftigkeit von dem vermeintlich Ersatzberechtigten zu erweisen. Damit wird aber gerade bei der wichtigsten Gruppe von Fällen, bei den Fehlern in den Maßnahmen der Heilbehandlung, ebenso aber z. B. bei Fehlern in der Ausstellung von Untersuchungsbescheinigungen, zugleich mit dem Beweise der Rechtswidrigkeit auch der des Verschuldens auf die Schultern des Ersatzfordernden abgewälzt. Denn einen bestimmten Erfolg hatte der Arzt gar nicht herbeizuführen; eine seiner Handlungen oder Unterlassungen stellt also einen Mangel der Erfüllung überhaupt nur dann dar, wenn sie schuldhaft war. Man kann demnach betreffs der sogenannten Kunstfehler zusammenfassend sagen, daß stets der Ersatzfordernde das Verschulden des Arztes, nicht dieser seine Schuldlosigkeit klarzulegen habe.

B. Die wichtigsten einzelnen Rechtspflichten des Arztes.

Wir wollen nun die wichtigsten Fälle der Rechtswidrigkeit nach sachlichen Gesichtspunkten in Gruppen fassen, wobei Vertragsverletzungen und unerlaubte Handlungen insoweit zu scheiden sind, als Besonderheiten bestehen.

Die wenigstens andeutungsweise Aufzählung, die wir anstreben wollen, ist wohl um so notwendiger, als man sich gewöhnlich unter der „Haftpflicht“ die Haftung wegen Kunstfehlers allein vorstellt. Dabei erörtern wir nicht einmal alles und jedes, das den Arzt privatrechtlich angeht, sondern nur die allgemeinen Vorkommnisse der ärztlichen Praxis als solcher. Wir übergehen die mannigfaltigen Sonderpflichten, wie sie die Spezialverträge der Krankenkassen- und Versicherungsärzte, der Bade-, Schiffs-, Hafen- und Gefängnisärzte usw. erzeugen. Wir erwähnen ferner nicht die Haftung, welche den angestellten Ärzten aus der ihnen obliegenden Buch- und Kassenführung gegenüber der Verwaltung erwächst.[1]) Wir reden nicht von den Haftfällen Ihres Privatlebens, wenn Sie Hunde besitzen oder Wohnungen mieten oder Dienstboten halten usw. Aber auch daran seien Sie nur erinnert, daß die Mittel, deren Sie sich zur Berufsausübung bedienen, wie Fahrrad, Reitpferd, eigener Wagen, Automobil, als Schaden und Haftung verursachend in Betracht kommen. Und so verpflichtet Sie auch die Anstellung von Hilfskräften zur Fürsorge für diese (BGB. § 618), der Betrieb einer Anstalt zur Rücksicht gegenüber fremden Besuchern. Nur das Nächstliegende und am allgemeinsten Bedeutsame ist es also, was nachstehend erwogen wird.

1. Bekanntlich ist durch die Gewerbeordnung vom Jahre 1868 der Zwang zur ärztlichen Hilfeleistung beseitigt worden, eine etwas teuere Errungenschaft, da sie mit der Freigabe des Heilberufes an jedermann erkauft wurde.[2]) Nichtsdestoweniger gibt es genug Fälle wo Verweigerung der Hilfe haftbar macht.

a) Vor allem besteht bei jedem auf Gewährung einer Behandlung gerichteten Vertrage natürlich die Pflicht zur Einhaltung des Wortes. Gewöhnlich hört man sogar, der

---

[1]) Wenn der Fiskus nichts besonderes bestimmt, so regelt sich die Haftung für Versehen in der Amtsführung nach den Grundsätzen des Privatrechts; Laband, Staatsrecht, 4. Aufl. I, S. 447, Georg Meyer, Staatsrecht, 5. Aufl. S. 475.

[2]) Gegen den Versuch Biermanns, dennoch eine allgemeine Hilfepflicht des Arztes zu begründen, mit Recht Riezler, Der Werkvertrag S. 97 f.

Arzt müsse persönlich behandeln.[1]) In den Pandektenlehrbüchern figurierte der Arzt in der Tat als Paradigma eines Schuldners, der seine Dienste in Person leisten muß, und auch jetzt folgern die Schriftsteller bedenkenlos das Gleiche aus BGB. § 613, wonach der Dienstpflichtige seine Dienste im Zweifel in Person zu leisten hat. Damit sind vielleicht die alten Römer und sicher unsere Vorväter einverstanden gewesen; daraus folgt nicht, daß wir hier wieder einmal eine ewige Krankheit: es erben sich Gesetz und Recht ... ohne Heilung lassen sollen. Jedermann weiß, daß nicht allein der vielbeschäftigte Professor manchmal seinen Assistenten schickt, und daß fast jeder Arzt im Sommer für einige Wochen auf Urlaub geht[2]), sondern er weiß ebenso, daß kein praktischer Arzt mit absoluter Sicherheit seine Zeit auch nur für den nächsten Tag zu vergeben vermag. Die gemeinsame Absicht beider Teile kann daher in der regulären Praxis, wenn eine Visite versprochen wird, nur die sein, daß der Arzt entweder selbst kommen oder einen ordentlich gewählten Vertreter senden werde, den der Patient seinerseits natürlich nicht immer anzunehmen braucht.[3]),[4]) Anders werden wir es beurteilen, wenn jemand eigens

---

[1]) So Goette, Berl. Klin. Woch. 1899, S. 978; Flügge, Recht d. A. S. 67.

[2]) Hiervon richtig Flügge a. a. O.

[3]) Über die Haftung des Arztes für seinen Vertreter reden wir im III. Abschnitt.

[4]) Wie, wenn der Diener oder das Dienstmädchen eine Bestellung entgegennimmt und das Erscheinen des Arztes für eine bestimmte Zeit in Aussicht stellt? Hierauf ist zweierlei zu erwidern: a) Gewöhnlich liegt darin kein bestimmtes Versprechen. Andernfalls aber könnte eine Haftung des Arztes entstehen, so wie wenn er selbst das Versprechen abgegeben hätte, sofern er nämlich überdies den dienstbaren Geist zur Abgabe solcher Versprechen ermächtigt hat, und allerdings ließe sich bisweilen auch eine stillschweigend erklärte Bevollmächtigung annehmen. b) Gibt die Dienstperson ihre Zusage in zu bestimmtem Tone, oder richtet sie vielleicht die Bestellung gar nicht aus, so haftet der Arzt dann, wenn er die Person allzu sorglos ausgewählt hat (§ 831). Zu raten wird also sein, seine Leute höchstens sagen zu lassen, wann man wieder nach Hause komme, und die sorgfältige Übermittelung der eingelangten Botschaften zu überwachen.

die persönliche Erfüllung der zugesagten Dienstleistung zusagt, wie dies z. B. vom Leibarzt (nicht auch vom heutigen Hausarzt) zu vermuten ist. Und eine Einschränkung gilt auch z. B. bei Kassenärzten insofern, als sie durch die Kasse in der Auswahl ihrer Vertreter mehr oder minder gebunden sein können.[1])

Überdies aber steht es, wenn Sie eine Reihe von Leistungen versprachen, Ihnen, ebenso wie Ihrem Gegenüber, frei, bei „wichtigen Gründen" den Vertrag einfach für aufgehoben zu erklären (§ 626). Ist das Dienstverhältnis kein „dauerndes mit festen Bezügen", steht also beispielsweise ein lediglich nach der Visitenanzahl gezahlter Hausarzt (wo die festen Bezüge fehlen) in Frage, so genügt sogar jede nicht gerade zur Unzeit erfolgende Kündigung auch ohne jeglichen Grund, um Sie von dem Vertragsverhältnis für die Zukunft zu befreien. So die zwingende[2]), d. h. trotz gegenteiliger Vertragsbestimmungen geltende Norm des § 627, die man aber nicht etwa auf das Verhältnis der ohne feste Bezüge („Pauschale") angestellten Kassenärzte zu den Kassenvorständen erstrecken darf[3]). Für beide Teile sind da vielmehr die

---

[1]) Wenn aus dem Vertrag darüber nichts zu entnehmen ist, so sind sie nicht gebunden.

[2]) S. Anhang II a. Anf.

[3]) § 627 bezieht sich auf „Dienste höherer Art, die auf Grund besonderen Vertrauens übertragen zu werden pflegen", — und der Kommentar von Staudinger S. 434 fährt fort: — „d. h. ihrer Natur nach, wie die ... Dienste eines Arztes ... Darauf aber, ob solche Dienste im Einzelfalle wirklich aus besonderem Vertrauen übertragen worden sind, ... darauf kommt nichts an." Danach könnte es scheinen, als reihte die Natur der ärztlichen Dienste jeden auf Erbringung solcher Dienste gerichteten Vertrag unter § 627 ein; und dann ständen die ganzen Verträge mit den Kassen in der Luft. Indessen kann man der Auslegung Staudingers nur beipflichten, sofern man die Worte: „im einzelnen Falle" stark betont. Darauf ob der Private A sich vom Arzte B aus „besonderem Vertrauen" behandeln läßt, kommt in der Tat nichts an. Allein notwendig ist, daß nicht bloß die Dienste ihrer Natur nach, sondern daß sie in der bezüglichen wirtschaftlich charakterisierten Gruppe von Verträgen „auf Grund besonderen Vertrauens übertragen zu werden pflegen". Solche

Kündigungsklauseln der Verträge (mangels solcher §§ 620 ff.) im Vereine mit § 626, jedoch mit Ausschluß des § 627 maßgebend.

b) Wenn Sie, die Praxis betreibend, einen Auftrag nicht annehmen wollen, worin Sie ja frei sind, so müssen Sie, sobald Sie hierzu nur irgend in die Lage kommen, Ihre Ablehnung erklären. Sonst haften Sie wegen desjenigen Schadens, den der Auftraggeber infolge des Vertrauens auf Ihre Assistenz erleidet (§ 663 in Verbindung mit § 675).[1])

c) Eine Hilfepflicht ergibt sich nach herrschender strafrechtlicher Anschauung ohne jeden sonstigen Anlaß insofern, als möglicherweise der freiwillige Beginn eines Handelns zur Fortsetzung nötigt.[2]) Wer z. B. zufällig hinzukommend eine Geburt zu leiten begonnen hat, darf die Gebärende nicht ohne weiteres in einem gefährlichen Stadium verlassen, um die Praxis zu besorgen, z. B. eine Eklamptische, auch wenn die dadurch verursachte Abhaltung längere Zeit dauert. Indessen wäre es unrichtig, dabei an eine Haftung zu denken, die durch die Unterlassung der weiteren Behandlung an sich begründet wird und daher jeden durch diese Unterlassung verursachten Schaden betrifft. Eine Verantwortlichkeit wird vielmehr nur durch das Eingreifen, das sich in den Lauf der Dinge Einmischen bewirkt, und nur für dessen Folgen haftet man. Der Arzt speziell wird also keineswegs, wie manche Mediziner glauben, eine freiwillig übernommene Behand-

---

typisch gekennzeichnete Verträge schließen aber die Kassen. Die Kasse stellt nicht einen individuellen Arzt, wie der Private, aus persönlichen Gründen an, sondern sie stellt jeden an, von dem sie nichts nachteiliges weiß. Und deshalb ist § 627 unanwendbar.

[1]) Planck, BGB. II § 663 N. 2 nennt ausdrücklich Ärzte als unter § 663 fallend. Anders Goette, S. 978, infolge seiner unrichtigen Auffassung, daß die ärztliche Arbeit keine Geschäftsbesorgung sei.

[2]) Vgl. u. a. Landsberg, Kommissivdelikte durch Unterlassung, mit Beziehung auf den Arzt S. 271, doch eine genauere Fassung des Prinzips vermeidend; (ebd. S. 235 ein vor Erlaß der Gewerbeordnung erflossenes preuß. Urteil gegen einen Wundarzt wegen zu späten Kommens, Unterlassung der Blutungsstillung und anderer Fehler.)

lung schlechterdings immer vollenden müssen, sondern nur dann zur Fortsetzung gezwungen sein, wenn diese Tätigkeit selbst erst eine Gefahr herbeigeführt hat (z. B. der Beginn einer Operation), wenn also der plötzliche Abbruch ohne Beschaffung eines geeigneten Substituten eine Gefahr herbeiführt, die ohne das Zwischentreten des Arztes gar nicht bestanden hätte (z. B. auch weil sonst ein anderer gerufen worden wäre). Kriminalistisch noch weiter zu gehen, hieße den Versuch einer Hilfeleistung bestrafen, wie man den Versuch der Tötung oder Körperverletzung straft. Es wäre dann eindringlich davor zu warnen, auf dem Wege zu einem Kranken einen anderen auch nur anzusehen, um nicht einen unbekannten, möglicherweise außerordentlichen Zeitverlust zu erleiden. Aber den geltenden Normen [1]) entspräche derartiges sicher nicht.[2])

Die soeben vorgetragenen Grundsätze mögen auf den ersten Blick befremden; die ärztlichen Standesvertreter selber strafen in den Ehrengerichten nicht selten einen Kollegen, der einen Kranken im Stiche läßt, ohne daß er

[1]) Vgl. Finger, Lehrbuch des Strafrechts S. 292, der die Verantwortlichkeit nach dem gegenwärtigen Strafgesetz noch enger einzuschränken scheint.

[2]) Tatsächlich scheint das von Prof. Schatz in einem Vortrage, Ärztl. Vereinsblatt XXIII 1896, Nr. 318, S. 18, mitgeteilte Urteil einen Geburtshelfer verurteilt zu haben, weil er auf dem Weg durch ein Dorf von einer ihn erkennenden Hebamme angerufen, zu einer Gebärenden ging, und dieselbe nach einigen vergeblichen Versuchen, die Placenta auszudrücken, mit dem Bemerken wieder verließ, man solle den ursprünglich ins Auge gefaßten Arzt holen lassen. Als dieser kam, war schon Verblutung eingetreten. Ich vermisse in dem erzählten Tatbestande die Feststellung, daß ohne dieses Intermezzo der andere Arzt noch hätte helfen können, oder dass der vergebliche Versuch als solcher schadete, was bei bloßem „Ausdrücken" schwerlich der Fall gewesen sein kann. Ein weiteres Beispiel aus der Praxis: Jemand wurde in einen anderen Ort zu einem Konsilium gerufen, das sich nachträglich als lebensrettend erwies, da von demselben die rechtzeitige Operation einer Blinddarmentzündung abhing. Auf dem Wege zur Bahn wurde er zu einem Kinde gerufen, das vom Tische gefallen war. Der Hausarzt war bereits gerufen und unterwegs; man konnte, wie sich bald ergab, beruhigt auf ihn warten. Soll nun des Kindes wegen der erste Patient sterben? Nimmermehr!

zur Behandlung verpflichtet gewesen wäre. Man muß jedoch zweierlei scharf auseinander halten. Da eine Hilfepflicht im allgemeinen nicht besteht, da man ruhig an einem in Lebensgefahr befindlichen Menschen vorübergehen darf, ohne ihm die leicht mögliche Rettung zu gewähren, so kann es auch keine Pflicht an sich geben, eine angefangene Hilfe zu Ende zu führen. Andererseits erwartet man vom Arzt aus ethischen Rücksichten und im Interesse des Standes seine Bereitwilligkeit. Nur vergesse man nicht, daß auch kein ethisches Motiv dazu vorhanden ist, zu Gunsten eines auf dem Wege getroffenen Kranken, für den die Hilfe einen glücklichen Zufall bedeutet, einen anderen Kranken hintanzusetzen, der auf die Hilfe rechnete und darauf zu rechnen ein Recht hatte.

d) *Bei gemeiner Gefahr muß jedermann* der behördlichen Aufforderung zur Hilfeleistung folgen (§ 360, Z. 10 Strafg.).

2. Ein sehr bekanntes ärztliches und juristisches Axiom fordert, daß sich der Arzt, ehe er therapeutische oder operative Eingriffe (einschließlich der Impfungen) wagt, um die zuständige Einwilligung bewerbe. Darüber sind in der letzten Zeit einige Aufsehen erregende strafgerichtliche Urteile ergangen, und eine Entscheidung des Reichsgerichts[1]) formuliert den Rechtssatz so: Der Arzt begehe das Vergehen der vorsätzlichen Körperverletzung (St. G. § 223), wenn er innerlich wirkende Medikamente oder äußere operative Eingriffe anwende, „ohne sein Recht

[1]) Reichsgericht 31. Mai 1894, Entsch. in Strafs. 25, S. 375. 381 f. (Der bekannte Hamburger Fall: Resektion und darauffolgende Amputation eines tuberkulösen Fußgelenkes an einem Kinde gegen den Willen des Vaters). Ähnlich, aber in juristisch indifferenter Fassung, hatte das O. L. G. Braunschweig am 13. Febr. 1893, Seufferts Archiv 48 n. 262, S. 413, seiner Beurteilung den „von den Ärzten allgemein angenommenen Grundsatz“ zugrunde gelegt: eine eingreifendere Operation sei nicht vorzunehmen, „ohne daß, falls er zurechnungsfähig und über seine Geschicke selbst zu entscheiden fähig ist, der Patient, sonst dessen nächste Angehörigen in die Vornahme eingewilligt haben“.

hierfür aus einem bestehenden Vertragsverhältnisse oder der präsumtiven Zustimmung, dem vermuteten Auftrag hierfür (sic) legitimierter Personen herleiten zu können". „Präsumtive Zustimmung" findet das Reichsgericht kraft Auslegung des vernünftigen Willens der Beteiligten in den „vielerörterten Ausnahmefällen, in denen wegen Bewußtlosigkeit, Geisteskrankheit, Unzurechnungsfähigkeit des Patienten oder bei Gefahr im Verzuge wegen Abwesenheit der Vertreter des Kranken sich eine ausdrückliche Willensentschließung der hierfür zuständigen Personen nicht erzielen läßt, oder die Willensäußerungen des Kranken oder seiner Angehörigen unklar, unsicher, schwankend lauten."

Das Reichsgericht ist demnach der Ansicht, daß die Eingriffe an sich „Körperverletzungen" sind und das Recht des Arztes sie zuzufügen, aus dem erklärten oder vermutlichen Willen der „Beteiligten" herstammt. Abgesehen von allem anderen, mußte daran schon die Inkonsequenz auffallen, daß der höchste Gerichtshof, nach welchem hier die Einwilligung des Verletzten jeder ärztlichen Handlung den Charakter der „Körperverletzung" benehmen soll, sonst eine Körperverletzung trotz Einwilligung des Verletzten bestraft.[1]) Die bereits früher eingeleitete literarische Diskussion hat denn auch dieses Erkenntnis durchaus abgelehnt — allerdings aber, welche Konstruktion an die Stelle zu setzen sei, darüber herrscht die größte Uneinigkeit, der lebhafteste Streit.[2]) Nicht die Einwilligung des Kranken, die nur eine Bedingung, nicht das Fundament des ärztlichen Vorgehens bildet, wohl aber anderweitige Umstände benehmen nach der Ansicht der einen Gruppe von Strafrechtslehrern der Körperverletzung den Charakter der Rechtswidrigkeit;

---

[1]) Vgl. Entscheidungen in Strafsachen 2, S. 442; 6, S. 61.

[2]) Eine Art Sammelreferat über die in den letzten Jahren geäußerten mannigfaltigen Ansichten bei Kohlrausch, Zeitschr. f. d. ges. Strafrechtswiss. 23 (1903), S. 604—613. Dazu vgl. man noch Binding, Lehrb. Besond. Teil I² (1902), S. 53; v. Liszt, Lehrb.¹² (1903), § 35, bes. S. 156, N. 5; Finger, Lehrb. (1904), S. 405 ff.

welche Umstände, darüber wird weiter debattiert.[1]) Andere aber stellen in Abrede, daß die zum Heilzwecke vorgenommene und zweckdienliche Handlung überhaupt jemals Körperverletzung sein könne, indem sie wieder, von einander abweichend, bald das eine, bald das andere Merkmal der Körperverletzung im Tatbestande des ärztlichen Handelns vermissen.

Man sieht, es handelt sich um eine fundamentale Frage: worin liegt der Rechtsgrund, aus welchem — was ja bei normalem Betriebe des Heilberufes kein Mensch anzweifelt — „medico data est potestas, impune secandi, urendi, mutilandi, amputandi", wie ein alter Panegyrikus auf die Medizin rühmt.[2]) Von der Beantwortung hängt natürlich die genaue Ziehung der Grenze des ärztlichen Rechtes ab.

Für die zivilrechtliche Haftung wird indessen auf alles das nicht allzuviel ankommen. Soweit das ärztliche Handeln durch die zuständige Einwilligung oder Gefahr im Verzuge gedeckt erscheint, ist natürlich von Verfolgbarkeit überhaupt keine Rede. Man kann also, was die

---

[1]) <Man fragt: Berufsrecht des Arztes, Gewohnheitsrecht, oder was sonst? Der Ausgangspunkt war dabei, daß die „Gesetze sich ausschweigen" (Oppenheim, Das ärztliche Recht zu körperlichen Eingriffen 1892, S. 17). Ich bekenne, das nicht ganz zu verstehen. Das römische Strafrecht schwieg nicht; seine Regeln über aquilische Haftung bei Ausübung der Heilkunde galten aber bis 1900 als Zivilrecht für die Länder des gemeinen Rechts. Vgl. Dig. 1, 18 l. 6, § 7 und Dig. 9, 2 l. 7 § 8, l. 8 pr. in Verbindg. mit l. 13 pr., dazu Windscheid, Pand. II § 455 bei N. 7. Die Rechtswidrigkeit des ordnungsgemäßen ärztlichen Eingriffs war also durch das Zivilgesetz beseitigt. Daran haben natürlich auch die Kodifikationen, einschließlich des BGB. nichts geändert. Auch heute wäre daher wohl statt von Gewohnheitsrecht praeter legem, eher von historischer Auslegung zu reden. In ähnlichem Sinne verweist übrigens bereits Binding a. a. O. auf die Constitutio Criminalis Carolina, Art. 134.>

[2]) A. G. Platz, Diss. de juribus medicorum, Leipzig 1776. Man weiß nicht recht, über wen sich dieser gravitätische Dekan der medizinischen Fakultät moquiert, wenn er ironisch fortfährt: suaeque crudelioris immunitatis amplissimas laudes ferendi, largissimamque praeterea mercedem poscendi".

praktischen Ergebnisse anlangt, auch im Strafrecht nur zweifeln, 1. unter welchen Umständen die Einholung der Genehmigung entfallen darf und 2. ob ein unbefugter Eingriff eine Körperverletzung oder eine nach geltendem Recht nicht ohne weiteres strafbare Freiheitsverletzung[1]) darstellt. Die letztere Frage hat aber für das Privatrecht bloß unerhebliche Bedeutung, da zwar nur bei einer gegen des Strafgesetz verstoßenden Freiheitsberaubung BGB. § 823 Abs. 2 eingreift, womit gewisse juristische Besonderheiten verknüpft sind, schon nach § 823 Abs. 1 aber ohnedies jeder unbefugte Eingriff, ob Körper- und Gesundheits-, ob Freiheitsverletzung, auf gleiche Weise einen Ersatzgrund darstellt. Unter diese letztere Bestimmung gehört also eine Operation gegen den Willen des zurechnungsfähigen Kranken unbedingt, ebenso wie dahin der Fall gehört, daß ein geistig Gesunder wider seinen Willen und ohne Ermächtigung der Behörde in einer Irrenanstalt zurückgehalten wird. (Dagegen fällt darunter gewiß nicht die Vernachlässigung der häufigen Bitten und Drohungen, welche im Laufe einer freiwillig eingegangenen Morphium- oder Alkohol-Entziehungskur infolge der Abstinenzerscheinungen vorkommen.[2])

Einige Beachtung verdient aber der oben unter 1. hervorgehobene Zweifel. Außer Streit steht wohl die auch vom Reichsgericht anerkannte Dispensierung des Arztes

---

[1]) Gegen das Vorliegen einer Freiheitsberaubung v. Lilienthal, Pflichtmäß. ärztl. Handl. S. 41, dafür Binding a. a. O.

[2]) Hiervon handelt ärztlicherseits Erlenmayer, Morphiumsucht, 3. Aufl. (1887), S. 217 ff. Derselbe sieht die Berechtigung des Arztes, den Kranken zurückzubehalten, in der ursprünglichen von demselben vollzogenen Unterwerfung unter die Kur. Das könnte manchem Juristen anfechtbar erscheinen, weil viele eine Bindung der Persönlichkeitsrechte für die Zukunft unter keinen Umständen zulassen. Wichtiger ist eben das andere auch von Erlenmayer betonte Moment, daß sich der Kranke während der Entwöhnung in einem Zustande „vorübergehender Störung der Geistestätigkeit" (BGB. § 105 Abs. 2) befindet, so daß er zu einer relevanten Willenserklärung mindestens hinsichtlich der Fortsetzung der Kur nicht fähig ist; und eine solche partielle Verfügungsfähigkeit wird man wie für Entäußerung so auch zur Ausübung der Persönlichkeitsrechte fordern müssen!

von der Einwilligung bei faktischer Unmöglichkeit, sie zu gewinnen, und gleichzeitiger Gefahr im Verzuge. Wessen Einwilligung aber ist eigentlich, den volljährigen und zurechnungsfähigen Kranken ausgenommen, der natürlich unbeschränkt über sich entscheidet, maßgebend? Gewöhnlich spricht man von den „Angehörigen" oder den „nächsten Angehörigen". Das ist schlechterdings falsch.

Für Minderjährige sind nach dem Gesetze bestimmte Personen mit der Sorge für die Person betraut: der Vater, neben ihm und statt seiner die Mutter, der Vormund, ein Pfleger (vgl. § 1915); auch diejenigen, denen sie die Aufsicht überlassen, wie der Pensionsvorsteher bezüglich der Zöglinge, der Meister bezüglich des Lehrjungen, bisweilen natürlich auch „Angehörige", wie der ältere Bruder, die Tante, denen eben die Eltern die Kinder in Obhut geben. Analoges gilt von der Sorge des Vormunds für entmündigte Geisteskranke, Geistesschwache, Trunksüchtige (vgl. §§ 1793, 1897), und von der Sorge des für einen Gebrechlichen eingesetzten Pflegers (vgl. §§ 1910, 1915). Entsprechendes gilt schließlich von den Rechten und Pflichten der Gefängnisverwaltung.[1]) Jede Berechtigung, über das körperliche Wohl eines andern zu bestimmen, muß demnach entweder auf der elterlichen Gewalt[2]) oder der behördlichen Bestellung beruhen oder sich von den Inhabern dieser Gewalten ableiten. Darüber hinaus gibt es keine gesetzlich anerkannte Fürsorge. Man wird also zwar dem Arzte zumuten müssen, vor der Unvernunft des Kranken die Segel zu streichen, und dies selbst bei minderjährigen, trunksüchtigen usw., für den in concreto entscheidenden Punkt aber normale Einsicht besitzenden Kranken, trotz Einwilligung der gesetzlichen Vertreter in die Behandlung.[3]) Er wird ferner auch das Recht der Eltern und

---

[1]) Hierüber gut Flügge, Recht d. A. S. 63. 82.

[2]) Nur in gewissen Grenzen könnte man ähnliches aus dem ehelichen Verhältnis folgen. Für den Ehemann vergl. Reichg. Stfs. 13, S. 63.

[3]) Vgl. bes. v. Lilienthal, a. a. O. S. 43. Bei Gefangenen wird es dagegen ausschließlich auf den Willen der Gefängnisverwaltung ankommen.

Vormünder auf Dummheit respektieren müssen, solange nicht die Behörde sich einmischt, die er anrufen darf.[1]) Er wird jedoch mindestens bei großjährigen Kranken auf die Stimme des Bruders, des Onkels oder gar der Köchin nicht zu hören brauchen. Ich wüßte nicht, warum man ihre Vorliebe für Sympathiemittel und „Naturheilkunde" schützen sollte; und sind doch die teuren Anverwandten, die sich dem Arzt aus Indolenz oder gar aus Rachsucht, oder in ihrer Eigenschaft als lachende Erben in spe hindernd entgegenstellen, nicht ganz außer der Welt! Ich behaupte ruhig, daß der vom Kranken gerufene oder nach dem vermutlichen Willen desselben handelnde Arzt in der Krankheit dem Patienten rechtlich viel näher steht, als alle diese Personen. Tatsächliche Schranken werden sich ja genug ergeben. In einer fremden Wohnung darf der Arzt nicht ohne Zustimmung des Inhabers verweilen. Er braucht nicht einzugreifen, wenn niemand da ist, von dem er Bezahlung erwarten darf usw. Alle diese Hindernisse fallen aber z. B. bei der Behandlung in den öffentlichen Krankenhäusern fort, und da gewinnt unser Grundsatz die volle Kraft. Es kommt oft genug vor, daß irgendwelche Verwandte, Wohnungsgenossen oder Nachbarn mit schlecht angebrachter Entschiedenheit einen Kranken aus dem Hospital fortführen wollen, die Ärzte mit schwerem Herzen sich verpflichtet glauben, ihn herauszugeben, und vielleicht schon der Transport den Tod herbeiführt. In allen solchen Fällen sollte vor allem die Legitimation der angeblichen Schützer des Patienten geprüft werden.

Ein paar Worte verdient der Erfolg der privatrechtlichen Haftung. Hat der Arzt dem besprochenen Axiom zuwidergehandelt, so wird die nächste Folge die sein, daß er für diese Handlungen kein Honorar verlangen kann, mag er dabei eine noch so glänzende Operation

---

[1]) Vgl. § 1666. Daß die Eltern selbst sich durch Versagung ihrer Bewilligung strafbar machen können, hebt v. Lilienthal, S. 43, N. 1, hervor. Es können sich auch Konflikte zwischen den mehreren mit der Sorge betrauten Personen ergeben, die vielgestaltig denkbar, doch stets ziemlich einfach zu lösen sind.

vollzogen haben.[1]) Und schon darum wird man in der Beobachtung des Erfordernisses der Einwilligung einigermaßen ängstlich sein. Außerdem kann eine Ersatzforderung begründet sein. Allein diese fordert einen Schaden, und derselbe fehlte gerade in dem reichsgerichtlichen (Hamburger) ebenso wie in dem in Note 1 erwähnten (Dresdner) Falle, da beide Male die Gesundheit des Kranken gefördert und geradezu das Leben gerettet wurde. Immerhin muß man in der Generalisierung solcher Fälle vorsichtig sein. Selbst eine gesundheitsfördernde oder das Leben rettende Operation macht den vielleicht arbeitenden Patienten zeitweilig erwerbsunfähig und es wäre denkbar, obwohl nicht immer notwendig, in dem Verdienstentgange einen Schaden zu erblicken. Geht vollends der unbefugte Eingriff schlimm aus, z. B. die durchaus zweckmäßige Operation eines Krebsleidenden, so haftet der Chirurg natürlich ohne den geringsten Kunstfehler wegen der Lebensverkürzung; das ganze Einschreiten war schuldhaft.

Das Erfordernis der Einwilligung ist noch von Bedeutung bei Transplantation, Transfusion und den Experimenten an Menschen. Auch da herrscht Streit, indem manche trotz erfolgter Einwilligung wenigstens die

---

[1]) Dem Vertrage widerspricht das Vorgehen der Voraussetzung nach. Ebensowenig liegt eine dem Willen des Geschäftsherrn entsprechende Geschäftsführung vor. Hiervon geht das in weiteren Kreisen bekannt gewordene Urteil des O. L. G. Dresden 7./X. 1897, Deutsche Juristenzeitung IV, S. 199 f. aus. (Der Arzt erklärt eine geringfügige Operation, Ausschabung der Gebärmutter, zu machen, die Patientin verbittet sich entschieden eine vorgeschlagene größere; in der Narkose werden beiderseitige Tubengewächse mit umfänglichen Verwachsungen und cystomatöser Entartung der Eierstöcke vorgefunden und glücklich operiert.) Das Gericht weist die Honorarklage des Arztes ab. Gegen die Gründe des Urteils ist mehreres einzuwenden; die Sentenz selbst wäre richtig, wenn nicht eines dabei zu wenig gewürdigt wäre, die nachträglich von der Patientin durch wiederholte Dankesbezeugungen erklärte Genehmigung des ärztlichen Vorgehens. Ebenso Stenglein, D. Juristenzeitung IV, S. 151. Vgl. noch denselben ebd. S. 107, Stooß ebd. S. 185. — Auch ein Anspruch auf Herausgabe der sog. Bereicherung dürfte zu versagen sein.

Experimente unter gar keinen Umständen für erlaubt ansehen, andere alle Eingriffe gestatten, durch welche die Gesundheit nicht wesentlich gefährdet ist, wieder andere noch weiter gehen. Man wird sich wohl aus jedem der in Betracht kommenden zahlreichen juristischen und ethischen Gesichtspunkte der mittleren Ansicht anschließen und ferner jeden wissenschaftlichen Versuch dann zulassen dürfen, wenn die Einwilligung nicht bloß frei, sondern von einer die Tragweite vollständig und naturwissenschaftlich klar überschauenden Person, z. B. einem medizinischen Kollegen, abgegeben wird. Ist das Reichsgericht konsequent, so wird es denselben Weg gehen müssen.[1])

Gerade nur zu erwähnen ist schließlich das für das Privatrecht ziemlich belanglose Vorkommen ungebührlicher Züchtigungen der Patienten, so viel Staub auch eine bezügliche kriminelle Verurteilung vor einigen Jahren aufgewirbelt hat.[2]) Ein Schaden wird da selten zugefügt sein. Kommt freilich hinzu, daß der Kranke etwa aus Schreck einen Chock erleidet, oder wollte man gegen Hysterische die Gewaltanwendung bis zur zwangsweisen Operation treiben[3]), so wird die Verfehlung nach schon erörterten Grundsätzen auch zivilrechtlich Folgen zeitigen.

3. Im Zusammenhange mit der Pflicht, sich um die zuständige Einwilligung zu bewerben, steht die ebenfalls sehr heikle weitere Pflicht, den Patienten ohne Not nicht zu täuschen.[4]) Es ist aber sicherlich überflüssig,

---

[1]) Binding a. a. O. S. 45, N. 1 meint wohl nur in ähnlichem Sinne, daß durch die reichsgerichtliche Entscheidung alle wissenschaftlichen Versuche an einwilligenden Dritten mit gesundheitsschädlichem Erfolge vor Strafe geschützt sind; dagegen aber z. B. v. Liszt a. a. O.

[2]) Peitschung einer nervenleidenden, stark verwöhnten Dame in einer Heilanstalt, Entsch. L. G. Kassel 13./V. 1892, abgedruckt bei Oppenheim, Das ärztl. Recht zu körperlichen Eingriffen, Anhang. So hat auch ein berühmter Augenarzt Ohrfeigen verabreicht, indem er dazu bemerkte, dieselben wirkten ebenso vortrefflich, wie Narkose.

[3]) Gegen die Verteidigung eines solchen Vorgehens durch Brandt und Tillmanns mit Recht v. Lilienthal a. a. O. S. 49.

[4]) Vgl. darüber Stooß, Chir. Op. S. 30 ff.; Moll, Ärztl. Ethik S. 211 ff., namentlich S. 217.

mich darüber des längeren auszulassen. Wenn der Arzt dem Kranken aus Schonung die Gefahr verschweigt und vielleicht an sich gerechtfertigte pekuniäre Beeinflussungen des Kranken gering achtet, so tut er das in Befolgung des Grundsatzes: Salus aegroti suprema lex esto. Am Juristen ist es nicht, die Entscheidung über solche unwägbare Motive mit der Paragraphenelle zu überprüfen. Sollte etwa der Patient darob versäumen, sein Testament zu machen, so ist das seine Sache; den letzten Willen soll auch der Gesunde aufsetzen.

Grenzen freilich gibt es überall. Anstoß wird mit Recht an den halben Wahrheiten genommen, und Ausnahmen wären auch bei greller Willkür des Arztes zu machen, so wenn er unter Angabe bestimmter Gründe eigens erst um Untersuchung und wahrheitsgetreues Gutachten angegangen wird, und statt vornweg abzulehnen, den Kranken irreführt. Vielleicht wird man eine Fahrlässigkeit manchmal auch dann in der Täuschung erblicken, wenn der Arzt den Kranken dazu bringen mußte, einen Spezialisten aufzusuchen.

4) Wir kommen nun zu der Verpflichtung, die man mit dem Schlagworte: Haftung für Kunstfehler meint. Der Arzt soll kunstgemäße Heilung anstreben, dem unheilbaren Leiden wenigstens steten Kampf entgegensetzen, die Schmerzen lindern, die Verschlimmerung tunlichst verhindern. Es läge vielleicht nahe, daß ich mich über diese Dinge am stärksten verbreite. Ich unterlasse das aber. Es wurde darüber schon beängstigend viel geschrieben und ich darf bezüglich der Regeln der ärztlichen Wissenschaft auf die Handbücher der gerichtlichen Medizin und auf Bücher wie die gerichtlich-medizinische Kasuistik der Kunstfehler von Mair verweisen, welch letztere freilich nur den Wert einer sehr reichhaltigen Materialsammlung hat.[1]) Die Hauptsache aber ist, daß die einschlagenden knappen Rechtssätze eben in die

[1]) Die wichtigsten Arbeiten gibt das Literaturverzeichnis an.

Anrufung der ärztlichen Berufsregeln einmünden. So besteht unsere Aufgabe lediglich in der Feststellung der wenigen Normen; ihre Anwendung gebührt den Medizinern. Nur einige Illustration nach eingeholter sachverständiger Auskunft möchte ich mir nicht versagen.

Alle Regeln fließen hier wie überall aus dem Rechtssatze: Haftung, wo Verschulden, wo Abweichung von dem Verhalten des ordentlichen Arztes vorliegt. Daher sind die eingangs aufgeführten Vorkommnisse, die unglückliche Operation, der Tod in der Narkose, Haftungsgründe, wenn Verschulden unterliegt, keine Haftungsgründe, wofern es fehlt. Die wichtigste Regel für den Geburtshelfer ist wohl die, Sepsis zu vermeiden. Wenn aber der Geburtshelfer ohne Desinfektion eingreift, weil Verblutung droht, so handelt er als ordentlicher Arzt, möge nachher die Frau infolge Infektion zugrunde gehen. Wenn ein junger Arzt niemals mit Geburtshilfe zu tun hatte, so wird er die selbständige Leitung einer Geburt vermeiden. Wenn er aber zufällig, vielleicht als Tourist, zu einer Niederkunft kommt, wo menschliche Pflicht ihm einzugreifen gebeut, dabei den Mutterkuchen vorliegend findet, und da er sich nicht auf die Wendung versteht, die Frau verblutet, so trifft ihn kein Tadel. Beide haben im Drange des Augenblicks gehandelt, jener hat die Regeln sinngemäß abgewandelt, dieser eine zu schwierige Aufgabe nur übernommen, weil es eine Lebensrettung galt. So macht auch der Irrtum[1]) nicht haftbar; Leichtsinn und Unverstand allein sollen büßen.

Freilich bestehen darüber, wie weit die Freiheit des Arztes geht, die verhängnisvollsten Irrtümer. Noch Virchow[2]) hat sich stark dem ehemals gelehrten Satze

---

[1]) Beispiele bei Mair, Friedreichs Blätter, 1888, S. 112.

[2]) Virchow, Abh. II, S. 517: „Niemand wird in Abrede stellen, daß auch ein Arzt mit zum Teil veralteten Kenntnissen durch seine Approbation geschützt ist, selbst dann, wenn er sich eines Verfahrens der Behandlung bedient, welches inzwischen von einer großen Zahl anderer Ärzte als unzweckmäßig oder gar als schädlich verlassen worden ist.“

genähert: Securus est medicus et chirurgus, si secundum praecepta sibi a praeceptoribus tradita versetur, licet mortem per illa promoveat. Was der Arzt auf der Schulbank gelernt, soll er zeitlebens praktizieren dürfen! Das ist total falsch. Konservative Tendenzen wird man jedermann zugute halten. Aber daß der Arzt das allgemein anerkannte Neue kennen lernen und daß er Errungenschaften wie den Listerverband auch anwenden muß, hat das Reichsgericht in einer vielbemerkten Entscheidung[1]) mit Recht außer Zweifel gestellt. Wie der junge Arzt sich ausbilden, so muß sich der ältere fortbilden, so hart es ihm trotz der in den letzten Jahren geschaffenen literarischen Hilfsmittel und Kurse häufig werden mag. Warum? Nun, weil es doch nicht fraglich sein kann, daß man von dem ordentlichen, dem Durchschnittsarzte erwarten darf, er werde sich nicht allen Neuerungen konsequent versperren; eben dasselbe erwartet man also von jedem Berufsgenossen. So wahr es ist, daß Methoden und Heilmittel sich folgen und sich nicht gleichen, daß man gestern für gefährlich hielt, was heute es nicht mehr ist, und umgekehrt, so gibt es Linien, die bei der Heilbehandlung nicht überschritten werden dürfen. Daher ist auch, ebenso wie den zu konversativen, den gewagten Kuren eine Grenze gesteckt. Es wäre keinem von Ihnen, m. H., zu raten, den berühmten Pistolenschuß zu wiederholen, mit dem ein preußischer Wundarzt anfangs der fünfziger Jahre ein ankylotisches Kniegelenk kurierte, derart, daß angeblich der Patient mit frohen Sinnen zum Tanze ging. Die goldene Mittelstraße zwischen dürrer Schablone und fessellosem Forschungsdrange, zwischen altem Zopf und ungestümer Neuerungssucht, Ihnen, m. H., näher zu schildern, wäre

---

[1]) Wenigstens ist das dies ausdrücklich besagende Urteil der unteren Instanz bestätigt worden: Entsch. v. 3./VII. 1884, Rechtsprechung des Reichsg. in Strafs. VI S. 305 ff. = Ärztl. Vereinsbl. XIV Nr. 154 (Fall von Oberemmersdorf, zum konkreten Fall vgl. Scheh im Ärztl. Vereinsbl. XIV Nr. 156). Ebenso, einem Kurpfuscher gegenüber, Entsch. v. 12./IV. 1882, Rechtspr. IV S. 313 ff.

eine Überschreitung der juristischen Kompetenz. Das Recht verpönt die Fahrlässigkeit; was eine solche ist, entscheidet wohl der Richter, aber nur nach Anhörung des sachverständigen Gutachtens. Daß Ihnen freie und ungebundene Tätigkeit verbürgt ist, dafür zeugt zur Genüge der bisherige Gerichtsgebrauch. Wenn irgendwo ein Urteil irrte, so war wohl selten der medizinische Sachverständige schuldfrei. Zu fordern ist von ihm, daß er nicht apodiktisch aussage, wo ein Zweifel bleibt[1]), und insbesondere, daß er, wenn er einer medizinischen Schule angehört, das Bestehen einer gegnerischen nicht ignoriere! Es wäre absurd, wenn sich Ihre unausgetragenen Kontroversen in gegenseitigen Verurteilungen wegen Tötung austobten.

Der Fehler, der die Schädigung herbeiführt, kann der Diagnose anhaften. Er umschließt ein Verschulden, wenn die Diagnose schleuderhaft oder unverständig angestellt wird. Dabei ist nur zu bemerken, daß die fehlerhafte Diagnose natürlich an sich gar nichts schadet. Ob der Patient diesen oder jenen Herzfehler habe, ist nicht so wichtig. Der vielbeschäftigte Kassenarzt hat überhaupt nicht oft die Zeit, eine Diagnose zu versuchen; aber er behandelt symptomatisch richtig. Den „ordentlichen Arzt“ im Rechtssinn zeichnet daher gewiß nicht die Definition des Suidas: *Ἰατρὸς ὁ ἐπιστήμων οὐχ ὁ ἰώμενος μόνον, ἀλλὰ καὶ ὁ τὴν αἰτίαν, καθ᾽ ἣν ἴαται, γνωρίζων.* Wo freilich eine Behandlung vorgeschrieben ist, da wirkt ein Übersehen der Ursachen schädlich. So äußert sich leider häufig das Übersehen der Perityphlitis in der Versäumung rechtzeitiger Operation; man hält sie vielleicht gar für eine Verstopfung und gibt Abführmittel, die etwa zur Perforation führen. Oder eine

[1]) In einem Straffall (Ärztl. Vereinsblatt X [1883] Nr. 129 S. 16 ff.) bekundeten sämtliche Sachverständige, daß bei Diphterie mit schwerer Atemnot das Auflegen kochendheißer Umschläge auf den Hals verkehrt sei. Von medizinischer Seite wird mir im Gegenteil versichert, daß gerade dieses Mittel durchaus geeignet sei, das Leben zu retten, und die Zerstörung der Haut dabei gleichgültig bleiben müsse.

Schwangerschaft wird verkannt, und die Sondierung oder die Ausschabung bewirkt Abtreibung der Frucht. Manchmal wird dabei ein Verschulden anzunehmen sein, manchmal nicht. Auch andere Folgen kann eine Fehldiagnose erzeugen; ein Kranker wird etwa irrtümlich in das Infektionsspital geschickt und dort erst infiziert! Häufiger nachweisbar als die Mängel der Diagnose sind diejenigen der Behandlung[1]): Verkehrte Durchführung eines an sich zweckmäßigen Eingriffs, z. B. schlechte Anlegung eines Verbandes und folgende Gangrän des betreffenden Gliedes[2]); verfrühte oder zu oftmalige Anwendung eines Mittels[3]); Unterlassung nötigen Vorgehens, z. B. der Wiederbelebungsversuche, der Entfernung der Nachgeburt usw. Die Verwendung der Narkose ist natürlich an sich kein Fehler, wohl aber die Unterlassung der nötigen Vorsichtsmaßregeln betreffs vorgängiger Untersuchung, Assistenz, tadelloser Beschaffenheit der Betäubungsmittel, Überwachung von Puls und Atem. Gegen Idiosynkrasie ist der beste Arzt machtlos.

Ein Wort noch zu der oft gehörten Behauptung, daß in der inneren Medizin Kunstfehler kaum möglich oder doch höchst selten feststellbar sind.[4]) Etwas richtiges

---

[1]) Abstrakte Beispiele sind recht verfänglich; und besonders die in den kurzgefaßten Lehrbüchern der gerichtlichen Medizin sich seit Jahrzehnten fortschleppenden Exempel leiden an Schablonisierung. Treffende Bemerkungen bei Kühner, Kunstfehler der Ärzte, S. 38—42. Ein sehr großes Material liefern ja die in den großen Kompendien gesammelten Einzelfälle.

[2]) Vgl. Rapmund und Dietrich, Ärztl. Rechts- und Gesetzeskunde, S. 104. Selbstverständlich muß eben die Gangrän eine Folge der Kompression sein, nicht etwa einer durch die Fraktur oder durch Luxation hervorgerufenen Gefäßverletzung mit Blutgerinsel. Sonst fehlt der Kausalnexus.

[3]) Ätzung, die nach einer bestimmten Methode bei einer Augenkrankheit angewendet wird; Rechtsfall, Ärztl. Vereinsblatt 23 (1896), S. 444.

[4]) Das behauptet sogar der den Ärzten sonst nicht allzu günstige Verfasser des Artikels in Ehrenzweigs Assekuranzjahrbuch XIII S. 47, und auch der einsichtige Oesterlen, S. 626, steht dieser Auffassung nahe. Vgl. auch das im „Ärztl. Centralanzeiger“ 1886 Nr. 26 abge-

ist natürlich daran; man darf nur nicht übertreiben. Es ist auch in der inneren Medizin durchaus möglich, ebenso durch positive Maßregeln als durch Unterlassungen zu sündigen. Die Verabreichung eines Emetikums bei Vergiftungen statt eines Gegengiftes soll objektiv kein Fehler sein. Das ist unrichtig, insofern man z. B. gegen ein ätzendes Gift (Säure oder Alkali) kein Emetikum geben wird, um nicht durch das Erbrechen Magenzerreißung zu befördern, ebenso wenig wie man dabei etwa den Magen ausspülen wollen wird. Bei Phosphorvergiftung ist Verabreichen von Milch verpönt usw.

Das Gleiche gilt von Unterlassungen. Zwar wird niemand einem Arzt einen Vorwurf machen, wenn er in Zweifelsfällen die Natur walten läßt; auch nicht, wenn er bei Magenblutungen das herkömmliche Tannin ignoriert, das eher schadet als nützt. Daß es kein bestimmtes Mittel gibt, welches unter allen Umständen helfen muß, ist nur zu sicher. Und ist z. B. ein Gift wie Phosphor bereits vom Darmkanal aufgenommen, so gibt es ärztlichen Rat überhaupt nicht mehr. Alles unanfechtbar. Aber daß bei den verschiedenen heilbaren Leiden eines der wahlweise zur Verfügung stehenden Mittel der medikamentösen, äußeren oder diätetischen Behandlung gewählt werden muß, darauf beruht doch die gesamte Therapie. Und in bestimmten Konstellationen verengert sich diese Wahl ganz beträchtlich, wie bei Vergiftung durch Säure, wo Alkali vorgeschrieben ist.[1])

---

druckte Urteil, das übrigens die Schadensersatzklage wohl mit Recht abwies, da der Irrtum des Arztes schwerlich schuldhaft genannt werden durfte.

[1]) Wie steht es freilich in solchen Fällen mit dem Kausalzusammenhang? Kann man sagen, daß durch die Unterlassung ein Schaden wirklich herbeigeführt wurde? Ich glaube nicht an ein häufiges Non-liquet. Die Sachverständigen werden zwar und mit Recht geneigt sein, sich mit reichlichen Vorbehalten aus der Affaire zu ziehen. Sie werden nur zugeben, daß der Tod bei rationeller Behandlung möglicherweise oder wahrscheinlicherweise vermieden worden wäre. Allein dem Richter wird dies, bei der Unsicherheit des Zusammenhangs der Dinge überhaupt, meistens für die Verurteilung genügen.

Hierzu gesellen sich natürlich die oft erwähnten und verschiedene Male bereits gerichtlich verfolgten internistischen Verirrungen: unrichtige Rezeptierung, besonders in zu starken Dosen, Vergessen eines Ausrufzeichens oder der erforderlichen genauen Gebrauchsanweisung, Versäumung des spätesten Momentes, die Sache an einen Spezialisten abzugeben oder einen Konsiliarius beizuziehen. Kurz, auch die Interne teilt in bestimmtem Maße die Gefahren ihrer Schwesterwissenschaften.

Wem gegenüber die Pflicht der kunstgemäßen Behandlung obliegt, wurde bereits im I. Abschnitt ausgeführt. Sie besteht immer dem Kranken gegenüber, und wenn der Arzt die Behandlung durch Vertrag übernommen hat, auch gegenüber dem dritten Kontrahenten; insbesondere also auch vis-à-vis der Krankenkassen, Berufsgenossenschaften usw., die durch ihre Krankenunterstützungen und Sterbegelder interessiert sind.[1]) Hier liegt vielleicht tatsächlich die größte Gefahr in der ganzen Haftungsfrage.

5. Der Arzt hat das Berufsgeheimnis zu beobachten. Dies ist vor allem

a) in § 300 St. G.[2]) anerkannt. Danach sollen alle Dinge, die der Arzt bei Ausübung seines Berufes wahr-

Man könnte sogar vielleicht sagen, daß bisher die Gerichte in der Genügsamkeit bei Verurteilungen gar zu weit gegangen sind. Die unerwünschte Kehrseite des zu stark verklausulierten Sachverständigen-Gutachtens!

[1]) Eine gerichtliche Verurteilung auf Ersatz der Mehraufwendungen, welche einer Krankenkasse durch kunstwidrige Einrichtung eines Knochenbruches verursacht waren, berichtet Kiefer, Straßburger ärztl. Mitteilungen 1903, S. 56, nach der Zeitschr. „Die Unfallversicherung“, period. Mitteilung der „Zürich“, Nr. 97, 17. Jahrg. 1901, S. 54.

[2]) Von der Anwendung des § 300 St. G. auf den Arzt handeln Liebmann, Die Pflicht des Arztes zur Bewahrung anvertrauter Geheimnisse, 1890 — scharfsinnig, aber für unsere Zwecke zu subjektiv; Placzek (Nervenarzt), Das Berufsgeheimnis des Arztes, 2. Aufl. 1898, mit rechtsvergleichendem und geschichtlichem Material; Hans Landau, Arzt und Kurpfuscher, 1899, S. 32 ff., wo weitere

nimmt, insoweit deren Geheimhaltung verlangt wurde oder erkennbar irgend im Interesse der anvertrauenden (d. h. den Arzt zur Wahrnehmung zulassenden) Person oder deren Familie lag[1]), der unbefugten Offenbarung[2]) an Dritte entzogen sein.

Unbefugt[3]) ist die Mitteilung natürlich nicht, wenn der Anvertrauende in dieselbe stillschweigend eingewilligt hat. Wer sich z. B. behufs Aufnahme in eine Lebensversicherung oder zwecks Durchführung eines Prozesses vor einem Versicherungs-Schiedsgericht oder auch nur zwecks Erlangung der Krankenkassenunterstützung untersuchen läßt, ermächtigt den Arzt zur Mitteilung des Resultates an die Anstalt, das Schiedsgericht, die Kasse (natürlich nicht an andere). Bisweilen kommen mehrere als anvertrauend in Betracht, z. B. der beauftragende Vater und der volljährige kranke Sohn, so daß die Bewilligung beider erforderlich wird. In anderen Fällen wird die Einwilligung des Kranken ersetzt durch die seines gesetzlichen Vertreters oder die Zustimmung der Behörde, welche im Zuge eines strafgerichtlichen oder

---

Spezialliteratur angegeben ist; Günther, Die Verschwiegenheitspflicht des Arztes, Rostocker Diss., 1899; Moll, Ärztliche Ethik, 1902, S. 90 ff. Besser als an alle diese durch ihren Stoffreichtum anziehenden, aber mehr oder minder dilettantischen Erörterungen hält man sich an die allgemeineren aber eben darum minder bestreitbaren Darstellungen der strafrechtl. Handbücher und etwa noch Hippe, in Goltdammers Archiv 46 (1899), S. 283 ff.

[1]) Die genauere etwas umständliche Definierung des „anvertrauten Privatgeheimnisses" gibt in diesem Sinne die Entsch. d. Reichsger. in Strafs. vom 22./10. 1885, Entsch. 13, S. 60. (Ein Arzt hatte eine Rechnung über die Behandlung der Ehefrau W., worin von ihren Geschlechtskrankheiten die Rede war, im Wirtshaus lesen lassen, um das Gerede über die Höhe seiner Honorarforderung zu widerlegen.)

[2]) Das Reichsger., Entsch. in Strafs. 26, S. 6, 26./6. 1894, verurteilte einen Arzt, der auf der Straße von einem Bekannten angerufen, die umlaufenden Gerüchte über Mißhandlungen des Ehemannes L. an seiner Frau, die er untersucht hatte, bestätigte. Gegen die konkrete Entsch. Binding, S. 126 N. 4.

[3]) Unbefugt bedeutet so viel wie widerrechtlich. Über die Ausdehnung des Begriffes bestehen aber einige Meinungsverschiedenheiten.

Entmündigungsverfahrens eine Untersuchung vornehmen läßt.[1]) Selbstverständlich ist die Schweigepflicht auch aufgehoben, wo der Staat kategorisch Reden verlangt, z. B. Anzeige von Seuchenfällen oder von geplanten Verbrechen (St. G. § 139). Freie Wahl aber, ob er aussagen wolle oder nicht, hat nach richtiger Ansicht der Arzt als Zeuge in Zivil[2]) und Strafsachen[3]), und ebenso wenn er ein eigenes Recht nicht anders als durch Mitteilung des Privatgeheimnisses durchsetzen kann, z. B. bei Einklagung seines Honorars oder als wegen eines Kunstfehlers Angeklagter.[4]) Die wissenschaftliche Publikation eines Falles dagegen muß stets so diskret geschehen, daß man die Person des Kranken nicht einmal erraten kann.[5])

---

[1]) Das Nähere scheint recht zweifelhaft zu sein. Ausführlich darüber Hippe a. a. O. S. 297, der aber offenbar den Willen anzuvertrauen, zu sehr im Sinne rechtsgeschäftlicher Willenserklärung auffaßt.

[2]) Vgl. neuestens das Urteil des Reichsger. in Zivilsachen Bd. 53 S. 315 vom 19./1. 1903 zu Gunsten des die Aussage verweigernden Arztes: der einen Partei im Prozesse zu helfen, sei kein genügender Grund, zum Bruche der Verschwiegenheitspflicht zu zwingen. Die Freiheit des Arztes, auszusagen, wenn er will, wird allerdings durch eine Anmerkung des Herausgebers dieser Entscheidung in Frage gestellt, wonach der Senat die dem Arzt volle Freiheit lassende kriminalistische Doktrin, „für welche von einzelnen Schriftstellern mit Unrecht auf die Entsch. des Reichsger. in Strafs. Bd. 19, S. 364 Bezug genommen wurde“, ablehnte. Aber die im Strafrecht herrschende Ansicht ist sicherlich die angemessene; vgl. den belehrenden Fall bei Placzek, S. 73. Wohl soll den Arzt pflichtmäßiges Ermessen bei Ausübung seiner Wahl bestimmen (s. folg. N.); doch ist sie juristisch nicht überprüfbar. And. M. Hippe, S. 292.

[3]) Reichsger. Entsch. in Strafs. Bd. 19, S. 364: § 52 Nr. 3 Strafproz. O. erkläre den Arzt nur für berechtigt, nicht für verpflichtet, über das ihm bei Ausübung seines Berufes Anvertraute sein Zeugnis zu verweigern, stelle es also zunächst seinem pflichtgemäßen Ermessen und seiner Diskretion im einzelnen Falle anheim, ob er dem Richter die gewünschte Aufklärung geben zu dürfen glaubt oder nicht. Über die Auslegung dieser Entsch. s. die letzte Note.

[4]) Binding, S. 127. Das Gleiche wird man auch bei öffentlicher Anschuldigung des Arztes zugestehen müssen, wie in dem Falle Watelet (unrichtig Placzek, S. 83).

[5]) Hippe, S. 293; Olshausen, Komm. § 300, 9. Vgl. Placzek, S. 122 ff.

Etwas schwieriger sind andere Konflikte zu lösen, in die das Berufsgeheimnis den Arzt versetzen kann. So bringt die Behandlung zweier Familienangehöriger oder Hausgenossen bisweilen Verlegenheiten hervor, wenn es sich um ansteckende Krankheiten handelt. Wir werden mit Hellwig[1]) sagen, das doppelte Berufsgeheimnis sei keinesfalls soweit zu treiben, daß der Ehefrau, der Amme auf deren Anfrage der syphilitische Charakter ihrer Erkrankung zu verleugnen sei, um den Ehefrieden aufrecht zu erhalten oder den Haushaltungsvorstand vor Ersatzklagen zu bewahren. Lügen aus solchem Motiv darf der Arzt nicht, und es ihm zuzumuten, wäre empörend. Er hat vielmehr die wahrheitsmäßige Antwort über die Natur des Leidens zu erteilen oder die anfragende Person an einen nicht durch doppeltes Geheimnis gebundenen Arzt zu verweisen.

Und man kann darüber noch hinausgehen.[2]) Es gibt, wie das Reichsgericht neuestens anerkannt hat[3]), sittliche Pflichten des Arztes, die höher zu werten sind, als das Berufsgeheimnis, und die ihn demnach zwar nicht verpflichten, aber berechtigen, die Verschwiegenheit zu brechen, so z. B. der Ehefrau Kunde von der geschlechtlichen Erkrankung des Mannes zu geben, um eine Ansteckung tunlichst zu vermeiden; „wie es auch vielleicht nicht schlechthin ausgeschlossen wäre, eine solche mora-

---

[1]) Hellwig, Bedeutung der Geschlechtskrankheiten, Gutachten. (Sep. Abdr. S. 15 ff.), zustimmend Schmölder, beide in der Zeitschr. f. Bek. der Geschlechtskrankheiten I, S. 38. 93.

[2]) Daß von der kontagiösen Erkrankung des Sohnes oder der Frau der Hausvorstand als solcher vom Hausarzt zu benachrichtigen ist, ergibt sich aus der unten sub 7 zu besprechenden Pflicht im Rahmen derselben. Hier muß der Arzt reden, was Placzek, S. 11. 15, nicht genügend in Rücksicht zieht. Ganz anders verhält es sich mit der Schwangerschaft des Dienstmädchens oder der Tochter, die Placzeks vorsichtige Äußerungen, S. 77. 82, doch noch der Syphilis viel zu nahe stellen. Hier besteht keine Redepflicht, und das Berufsgeheimnis besteht voll aufrecht. Für die nötige Schonung in der Gravidität hat das Dienstmädchen selbst zu sorgen.

[3]) Entsch. in Zivilsachen vom 19./1. 1903 (oben S. 44, N. 2). Vgl. auch bereits Binding, Bes. Teil I ², S. 127 und die dort Zitierten.

lische Mitteilungspflicht unter besonderen Umständen einer dritten Person, die nicht die Ehefrau ist, gegenüber als gegeben anzusehen". Ob freilich nach dieser vorsichtigen Fassung heute bereits einem Arzte zu raten ist, dem zukünftigen Schwiegervater seines syphilitischen Patienten eine Warnung zukommen zu lassen, muß dahin gestellt bleiben.[1])

b) § 300 St. G. straft lediglich die bewußt widerrechtliche Offenbarung.[2]) Das Privatrecht läßt es zur Haftung zweifellos genügen, daß die in § 300 St. G. anerkannte Rechtspflicht fahrlässig verletzt sei[3]) (BGB. § 823 Abs. 1). Auch aus dem Vertrage mit dem Arzt dürfte übrigens eine Verpflichtung des Schweigens mindestens in dem gleichen Umfang ohne Zwang zu folgern sein.

Durch die unbefugte Mitteilung können nicht nur der Kranke und die sonstige als anvertrauend geltende Person, sondern auch die Familienmitglieder des Kranken als solche geschädigt sein, ja auch z. B. dessen Kompagnon. Das Reichsgericht (zit. Entsch. Strafs. 13, S. 60) zeigt sich in der Zulassung zum Antrage auf Verfolgung liberal, gibt sie aber nur denjenigen Personen, die „anvertraut" haben. Auch der Ersatzanspruch ist auf diese Personen beschränkt, denn nur ihnen gegenüber besteht die Rechtspflicht.

6. Ganz abgesehen von der Verletzung des Berufsgeheimnisses, wo auch die Mitteilung richtiger Tatsachen haftbar macht, ist die Behauptung einer unwahren Tatsache Ersatzgrund, wenn einer der folgenden Fälle vorliegt.

---

[1]) Gegen die Mitteilung wendet sich Hippe a. a. O., S. 294 ff.

[2]) Vgl. statt aller Olshausen, Komm. § 300, 10.

[3]) Ein Beispiel liefert der vom Kritiker des Placzekschen Buches in der Münchner Allgem. Zeitung ersonnene Fall (Placzek [2] S. 13): Der Arzt läßt die Krankengeschichte offen liegen. Gerade unter den dort erwähnten näheren Umständen würde ich aber Fahrlässigkeit verneinen. (Ein Medizinalrat wird zu einem dringenden Krankenbesuch abberufen; seine Frau hat zufällig an seinem Schreibtisch zu tun, liest die liegen gelassene Krankengeschichte und erzählt deren Inhalt weiter.)

a) § 278 Strafgesetz bedroht Ärzte und andere approbierte Medizinalpersonen, wenn sie ein unrichtiges Zeugnis über den Gesundheitszustand eines Menschen zum Gebrauche bei einer Behörde oder Versicherunggesellschaft wider besseres Wissen ausstellen.[1]) — Folge: Ersatzpflicht nach § 823 BGB. gegenüber der öffentlichen Körperschaft bzw. der Versicherungsgesellschaft.

b) auf Grund des § 823 Abs. 2 BGB. tritt weiter zugunsten des Kranken Ersatzpflicht ein, wenn die fälschliche Behauptung einer Krankheit sich als Ehrenbeleidigung im Sinne der §§ 186—188, 193 Strafg. darstellt.[2]) Vergleiche auch § 189.

c) Außerhalb dieser Verfehlungen wider das Strafgesetz entsteht Haftbarkeit:

α) Wenn durch die unrichtige Mitteilung eine die richtige Mitteilung fordernde Vertragsbestimmung verletzt wird. Daher ist natürlich der Arzt einer Lebensversicherungsgesellschaft oder Krankenkasse seinen Auftraggebern wegen fahrlässiger Ausstellung unrichtiger Gutachten verantwortlich. Und umso weniger darf etwa der Kassenarzt die Krankheit des Kassenmitgliedes auf dem Krankenscheine unrichtig benennen. Wohl ist es regelmäßig durchaus einwandfrei, wenn die Ärzte aus Humanität und zur möglichsten Wahrung des Geheimnisses die Diagnose verschleiern; damit sind auch die Kassen zufrieden, da sie eben regelmäßig kein Interesse an der

[1]) Hierüber Landau, a. a. O. S. 59 ff.

[2]) Ehrenberg a. a. O. S. 93 Z. 3 sagt, lediglich bei der sogenannten Kreditgewährung (im Text c β) könne zivilrechtliche Haftpflicht wegen fahrlässig unrichtiger Angaben in Zeugnissen platzgreifen. Ebenso Crome, System des bürgerl. R. II 2 § 327. Diese Behauptung ist leicht mißzuverstehen. § 186 Strafges. findet nämlich zwar eine sehr verschiedene Auslegung, das Reichsgericht läßt aber zur Strafbarkeit das Bewußtsein von der Behauptung einer ehrenkränkenden Tatsache und die objektive Unrichtigkeit dieser Tatsache genügen. Dem stimmen z. B. Olshausen Komm. § 186, 8 u. v. Liszt S. 347 zu. (Anders Binding, Bes. Teil I² S. 158.) Nun mag man das kriminalistisch noch Vorsatz nennen — im Sinne des BGB. § 824 Abs. 1 a. E. wäre es keiner. Ich muß es hier dahingestellt lassen, welche Konsequenzen aus dieser Verschiedenheit der Beurteilung zu ziehen sind.

genauen Kenntnis der Art der Erkrankung haben, und das Geheimnis bei den Kassen nicht immer vollständig verbürgt erscheint.[1]) Wenn jedoch ein Kassenstatut, von der Erlaubnis des § 6a Z. 2 des Krankenvers.-Ges. Gebrauch machend, die Vergütungen bei vorsätzlicher Beschädigung, Trunkfälligkeit oder Beteiligung an Schlägereien ausschließt,[2]) so darf selbst die euphemistische Umschreibung einer mit Sicherheit festgestellten Krankheitsgattung nie soweit gehen, daß dadurch die Kasse irregeführt werden könnte.[3]) Und die gleiche Haftbarkeit trifft denjenigen, der fahrlässig die bezügliche Diagnose verabsäumt.[4]) — Sehr häufig dürfte es übrigens nicht vorkommen, daß, wie beim „Delirium tremens", schon die Angabe der Krankheit zu Gunsten oder Ungunsten des Kassenmitglieds Schlüsse auf die Ursache zuläßt; zur direkten Feststellung der letzteren aber verpflichten sich wohl die Ärzte niemals.

β) Außerkontraktlich begründet Haftung die sog. Kreditgefährdung. (BGB. § 824.) „Wer der Wahrheit zuwider eine Tatsache behauptet oder verbreitet, die geeignet ist, den Kredit eines anderen zu gefährden oder

---

[1]) Selbst gegen diese „Geheimniskrämerei" wendete sich auf dem Kongreß der Deutschen Gesellschaft zur Bekämpfung der Geschlechtskrankheiten Gräf, Zeitschrift zur Bekämpfung der Geschlechtskrankheiten I S. 127. 130. Gegen ihn aber Blaschko ebd. S. 129.

[2]) Der Ausschluß bei geschlechtlichen Ausschweifungen ist durch das Gesetz vom 25. Mai 1903 aufgehoben. Die Leipziger Kassen haben von diesen Gestattungen überhaupt keinen Gebrauch gemacht. Überwiegend scheint dies aber, der Mitteilung Mugdans, Krankenvers.-Gesetz (1900) § 6a, N. 7 zufolge, geschehen zu sein.

[3]) Ebenso Mugdan a. a. O.; eine sehr sonderbare Praxis empfiehlt dagegen Placzek S. 117 f.; wenn er sie, wie er sagt, selbst befolgt, so macht er sich der Beihilfe zum Betruge schuldig.

[4]) Diesbezüglich unrichtig Mugdan a. a. O., der nur von Haftung bei Angaben wider besseres Wissen spricht. Allerdings könnte dies bei Annahme einer im Text β vorläufig abgelehnten Ansicht (auch mit Rücksicht auf § 186 St. G.) bedeuten, daß der Kassenarzt zwischen Scylla und Charybdis, zwischen dem Kranken und der Kasse ohne Fahrlässigkeit durchkommen soll. Darauf ließe sich bemerken, daß Fahrlässigkeit eben regelmäßig von Folgen begleitet ist.

sonstige Nachteile für dessen Erwerb oder Fortkommen herbeizuführen, hat dem anderen den daraus entstehenden Schaden auch dann zu ersetzen, wenn er die Unwahrheit zwar nicht kennt, aber kennen muß" (d. h. sie infolge Fahrlässigkeit nicht kennt). Allerdings kommt den Ärzten gerade in weitaus den meisten Fällen, wo sie überhaupt Veranlassung nehmen, über den Gesundheitszustand ihrer Kranken Mitteilungen zu machen, Abs. 2 des § 824 erheblich zugute. Der Ersatz entfällt, wenn der Arzt „oder der Empfänger der Mitteilung an ihr ein berechtigtes Interesse hat". Wenn also eine Eisenbahn jemanden, der sich um eine Bahnwärterstelle bewirbt, untersuchen läßt und der Arzt nach oberflächlicher Erforschung meldet, der Patient sei tuberkulos, oder wenn der Kassenarzt im Krankenschein ohne triftige Veranlassung Syphilis vermerkt, so ist er von der Haftung nach § 824 frei, weil der Empfänger der Mitteilung, die Bahn, die Kasse, an ihr ein berechtigtes Interesse hat. Ich kann mir freilich eine gegenteilige Ansicht denken, die ein berechtigtes Interesse nur an einer nach gründlicher Untersuchung abgegebenen Mitteilung anerkennt.[1]) Mit dem Zwecke des § 824, Ängstlichkeit in der Wahrnehmung berechtigter Interessen zu verhüten, zumal aber mit dem Wortlaut des Paragraphen[2]) scheint mir indessen nur die erstere Meinung im Einklange zu stehen.

7. Wir haben davon gesprochen, daß in Befolgung höherer sittlicher Pflichten das Berufsgeheimnis gebrochen

---

[1]) In diesem Sinne sind für das Strafrecht bereits einzelne Stimmen laut geworden. Vgl. bes. Kohler, Goltdammers Arch. 47 (1901) S. 105 (gehörige Erforschung der Wahrheit); Binding a. a. O. S. 155 N. 2 (gewissenhafte Sachprüfung).

[2]) Abs. 2 befreit von der Haftbarkeit ausdrücklich betreffs der Mitteilungen, deren Unwahrheit dem Mitteilenden unbekannt ist, ohne zu unterscheiden, ob fahrlässigerweise oder nicht; da aber nicht fahrlässige Mitteilungen überhaupt keine Haftbarkeit nach Abs. 1 begründen, so bezieht sich Abs. 2 gerade nur auf die fahrlässige, einschließlich der vielleicht davon verschiedenen „leichtfertigen" Erklärung.

werden darf. Es gibt aber auch Konstellationen, wo es äußerstenfalls hintangesetzt werden muß. Über den nächsten Zweck des ärztlichen Eingreifens, Behandlung der Leiden, hinaus, treibt den Arzt zur aktiven Tätigkeit die von seinem Berufe untrennbare prophylaktische Wirksamkeit. Kein Gesetz regelt sie bisher; die Funktionen des ordentlichen Arztes umschließen sie aber von selbst. Bereits aus dem Vertrage selbst wird man z. B. den in der Familie nach Gutdünken verkehrenden Hausarzt verantwortlich machen, wenn er duldet, daß das Kind von einer offenbar kranken Amme genährt werde, ebenso aber, wenn er auf das schlechte Aussehen und den verdachterweckenden Husten des jugendlichen Haussohnes niemals aufmerksam macht, bloß weil er nie danach gefragt wurde. Denn im zweiten ist ebenso wie im ersten Falle der eigens auf vollständige ärztliche Fürsorge für die Familienmitglieder gerichtete Vertrag verletzt worden.

Allein auch bei bloßer Vereinbarung einer Krankenbehandlung und selbst ohne solche besteht eine Pflicht der Vorbeugung; nur ihre Grenzen sind noch fast gar nicht diskutiert worden und daher noch recht zweifelhaft.

Selbstverständlich ist zwar die Verantwortlichkeit für solche Versäumnisse, die eine Übertragung ansteckender Krankheiten von einem Patienten auf den anderen in der Besuchstournée oder Infizierung am Operationstische verursachen. Denn die hier vernachlässigten Vorsichtsmaßregeln hätte der Arzt selbst zu befolgen, und die Verabsäumung steht daher den Fehlern der Behandlung recht nahe.

Wie verhält es sich aber mit der Prophylaxe, deren Befolgung der Arzt anderen aufzutragen hat? Ein einziger Schriftsteller, Hellwig,[1]) hat neuestens einschlägige Äußerungen getan; trotz ihrer Kürze sind sie von

[1]) Hellwig, Die zivilrechtliche Bedeutung der Geschlechtskrankheiten, a. a. O. S. 31 f., Sonderabdruck S. 8, 9. Vom Standpunkte der Übertretung des § 300 St. G. hat diese Fragen Landau, Arzt und Kurpfuscher, S. 46 f. behandelt, indem er die Berechtigung des Arztes zu Mitteilungen an gefährdete dritte Personen auf das Recht

vielem Wert. Indem er den Hausarzt verurteilt, der eine gesunde Amme ein syphilitisches Kind säugen läßt, und andererseits davon ausgeht, daß der Arzt nicht etwa gegenüber jedermann syphilitische Gefahren abzuwenden habe, formuliert er den Rechtssatz: es müßten diejenigen Anordnungen getroffen werden, „die ein pflichtgemäß handelnder Arzt zu treffen hat, um zu verhüten, daß die Gefahrenquelle, deren Überwachung er durch den mit dem Hausvorstand geschlossenen Vertrag übernommen hat, ihre schädigende Wirkung auf andere üben kann". Dieser Satz wird zweifellos den Ausgangspunkt für fernere juristische Erörterung bieten. Auch wir werden daher auf ihn zu reagieren, und obgleich für eingehendere Kasuistik kein Raum ist, immerhin zu versuchen haben, einige weitere Gesichtspunkte der Diskussion anheimzugeben.

Das Gebiet, in welchem die Aufstellung besonderer Pflichten des Arztes zur Vorbeugung erforderlich erscheint, wird über das von Hellwig betrachtete, eine ganze Behandlung umfassende vertragliche Verhältnis nicht allzu weit hinausreichen. Denn der Anstaltsbesitzer haftet als Unternehmer nach allgemeinen Grundsätzen, die teilweise ins Gewerberecht fallen. Der Anstaltsarzt, ebenso wie der Schiffs-, Hafenarzt u. dgl. steht unter der Herrschaft öffentlich rechtlicher und vertragsmässiger Instruktionen (vgl. darüber unten Abschnitt III). Bei einzelnen Visiten im Hause wird der nächste Zweck regelmässig allein im Auge zu behalten sein.

Erwägen wir nun etwa den Fall, daß auf Verlangen des Hausvorstandes der Haussohn behandelt wird, und dessen Leiden sich als venerisches erweist, so dürfen wir meines Erachtens dem Arzt nicht die Sorge für vollständige Verstopfung der Gefahrenquelle zumuten. Die erforderlichen Maßregeln in dieser Richtung, z. B. Tren-

der Notwehr zugunsten Dritter (Nothilfe) gründet. Diese Konstruktion scheitert schon an ihrem Ergebnis. Der Arzt dürfte dann jedem Dritten in jedem Falle, wo dieser irgend bedroht ist, die Gefahr bekannt geben; dies darf er aber nur in Ausnahmefällen.

nung von Ess- und Trinkgefäßen, Vorsorge für die Wäsche-Desinfektion usw. sind vielmehr ausschließlich Sache des Hausvorstandes.[1] Der Arzt aber hat letzteren über die Wege der Infektion und die Mittel der Verhütung gehörig zu unterrichten. Ich finde hier ein Gebot zu reden, ungeachtet dessen, daß der Haussohn mit „anvertraut". Nicht aber ein Gebot zu handeln.

In einem anderen Falle, wo etwa der Sohn ohne Vorwissen des Vaters einen fremden Arzt aufsucht, wird dieser dem Vater nicht einmal eine Mitteilung machen müssen; ob er sie machen dürfe, hängt von der Auffassung des Berufsgeheimnisses ab (darüber oben Z. 4). Umgekehrt kann der Arzt im Notfall zum Handeln verpflichtet sein, z. B. wie ich mit Hellwig meine, der Amme gegenüber — am besten unauffällig für alle Beteiligten, sonst durch Aufklärung des Hausvorstandes, eventuell durch Maßnahmen trotz diesem.

Derartige Betrachtungen, deren Anhalt nicht Postulate pro futuro, sondern die schon heute jedem Arzt in Fleisch und Blut übergegangenen Imperative sein müssen[2]), führen mich zur vorläufigen Anregung, die Pflicht in folgender Art zu präzisieren:

a) Es besteht in gewissem Umfang eine Pflicht zu

---

[1]) Unter „Hausvorstand" möchte ich nicht stets nur den pater familias begriffen wissen. Bisweilen ist es die Frau, nicht die den Pantoffel zu schwingen versteht, aber die das Hauswesen ganz selbständig führt. Bisweilen ist es der Sohn, der die Eltern zu sich genommen hat usw. Auch Stellvertretung muß es dabei geben können, und eine solche wird zu suchen sein, z. B. wenn man fürchtet, den greisen Vater durch die Mitteilung zu tief zu erschüttern.

[2]) Daß die in Rede stehenden Obliegenheiten den Ärzten als selbstverständlich gelten, wird wohl angesichts des folgenden, von Prof. Schatz widerspruchslos veröffentlichten Falles klar sein: Eine Wöchnerin ist an Puerperalfieber erkrankt, der Arzt bemerkt dasselbe nicht. Die Hebamme infiziert nun infolge eigener grober Fahrlässigkeit eine zweite Wöchnerin, die gleich der ersten am Kindbettfieber stirbt. Der Arzt wird nach dem Selbstmorde der Hebamme angeklagt, weil er diese in Funktion gelassen, und wird nur infolge mangelnden Beweises (seines Verschuldens in dem Übersehen der Krankheit) freigesprochen. (Ärztl. Vereinsblatt XXIII, 1896, S. 19.)

reden. Der Arzt darf die für Dritte erwachsenden Gefahren, die er in Ausübung seiner vertragsmäßigen Obliegenheiten bemerkt oder bemerken muß, nicht einfach verschweigen, die Dritten seien nun Familienangehörige oder Dienstpersonen oder Schlafgenossen oder Käufer der vom Kranken hergestellten Nahrungsmittel usw. Es ist vielmehr stets der zunächst für die Eröffnung dieser Gefahren verantwortliche Kranke selbst auf sie aufmerksam zu machen, eine andere verantwortliche Person, wie der Hausvorstand, der Lehrmeister, der Nahrungsmittelfabrikant dann, wenn der Arzt die Behandlung auf Grund eines mit diesen Personen geschlossenen Vertrages führt. Diese auf den Vertrag zu stützende Pflicht wird als ethische und als Rechtspflicht kaum zweifelhaft sein, obgleich sie nicht unmittelbar das Interesse des Vertragsgenossen, sondern dasjenige Dritter betrifft. Denn man wird unter anständigen Menschen vorauszusetzen haben, daß der Vertragschließende loyale Wahrung der Gesundheit Dritter beabsichtigt. Und erfolgt die Warnung, so hat sie, wenn sie selbst nicht gehört wird, wenigstens den Effekt, das Zuwiderhandeln des Kranken usw. zur Fahrlässigkeit zu stempeln, so daß der dritte Gefährdete gegen den leichtsinnigen Schädiger seiner Gesundheit ersatzberechtigt wird.

Freilich, wem gegenüber besteht die Pflicht? Was sind danach ihre juristischen Konsequenzen? Die Anerkennung als Rechtspflicht bringt die Aufhebung des Berufsgeheimnisses mit sich, insofern es im Wege stünde; wie gestaltet sich aber die sonstige rechtliche Wirkung? Der Arzt haftet gegenüber seinem Vertragsgenossen für dessen Schaden. Unter den Schaden des Hausvorstandes, der ein Familienmitglied behandeln läßt, werden wir in freierer Auffassung auch denjenigen der übrigen Familienmitglieder rechnen[1]), dazu gehören

[1]) Der Vertrag erscheint zu ihren Gunsten geschlossen, doch ohne daß ihnen unmittelbar ein Anspruch aus dem Vertrage erwächst.

ferner die gesetzlich von ihm zu tragenden Kosten der Verpflegung des Dienstpersonals. Damit aber der Schaden der immerhin mit selbständigeren Interessen ausgerüsteten Dienstboten oder derjenige anderer Personen einen Schaden des Hausvorstandes darstelle, ist nötig, daß zunächst der letztere ihnen ersatzpflichtig sei. Dies trifft jedoch regelmäßig gerade nur zu, wenn der Arzt pflichtgemäß gewarnt hat und demnach selbst von der Haftung frei ist.[1])

Für den Schaden, den Dritte infolge nicht verhüteter Infektion erleiden, würde also der Arzt im wesentlichen nur dann einstehen, wenn man sich entschlösse, dem Dritten gegen ihn einen direkten Anspruch auf Übung seiner Redepflicht zuzubilligen.[2]) Ist dies auf dem Boden des geltenden Rechtes denkbar? Ich möchte mich dagegen erklären. Nur ein neues Gesetz, welches das öffentliche Interesse an vorbeugenden Maßregeln in weitangelegtem und umsichtigem Plane schützen und die Pflichten und Rechte der Ärzte und Laien gerecht und autoritativ abwägen würde, könnte hier Wandel schaffen.

b) Mit der soeben besprochenen Pflicht des Redens kreuzt sich jedoch eine andere, auf Handeln gerichtete Pflicht, die von einem Vertrage unabhängig ist. Der fahrlässig[3]) prophylaktische Maßregeln versäumende Arzt

---

[1]) Entweder der Arzt hat die verantwortliche Person auf die erforderlichen Maßregeln hingewiesen, dann ist er mangels Fahrlässigkeit frei. Oder er hat seine Pflicht nicht getan, dann ist gewöhnlich der Mitkontrahent als Laie mangels Fahrlässigkeit, daher der Arzt mangels eines Schadens dieses Vertragsgegners frei. Anders, wenn beide fahrlässig handelten; dann teilt sich die Ersatzpflicht gemäß § 254 BGB. Nur in dem wohl höchst seltenen Falle, wenn bei der Auswahl des Arztes Fahrlässigkeit des Geschäftsherrn unterlief, ist dieser gemäß § 831 BGB. haftbar, der Arzt nach dem Vertrage regreßpflichtig.

[2]) Dies wäre nur möglich, indem man den Arzt als eine Art mittelbaren Täter nach § 823 Abs. 1 verantwortlich machte.

[3]) Die Fahrlässigkeit ist bei Versäumung der Maßregeln gegeben, sowohl wenn der Arzt die Infektionsursache voraus erkennt, als wenn er sie erkennen muß. Ein Beispiel für letzteres liefert der von Placzek a. a. O., S. 76, erzählte Fall, wo ein unangenehmes

haftet unmittelbar[1]) einer Person, die zwar keinen Vertrag mit ihm geschlossen, sich indessen in so *selbstverständlicher und unzweideutiger Weise* in seine Hand gegeben hat, wie die dem Hausarzt vertrauende Amme, oder wie etwa die Reisenden in einem Eisenbahnabteil, wenn ein Arzt einen choleraverdächtigen Mitreisenden vor ihren Augen untersucht und in ihrem Coupé belassen hat. Die von § 823 Abs. 1 BGB. geforderte Beziehung des Täters zum Beschädigten ist hier meines Erachtens gegeben. Die passende Begrenzung auch dieser nur auf den ersten Blick hart erscheinenden Verpflichtung ergibt die tägliche gesunde Praxis und deren Auffassung von den prophylaktischen Obliegenheiten des „ordentlichen Arztes".

8. Über die soeben gezogenen Linien ist die Gesetzgebung jedoch in einer Rücksicht hinausgegangen. Durch einige Vorschriften, voran jetzt das Reichsgesetz, betreffend die Bekämpfung gemeingefährlicher Krankheiten vom 30./VI. 1900, ist dem Arzt die *Anzeigepflicht* bei bestimmten epidemischen Krankheiten auferlegt. Und wer die Anzeige fahrlässig versäumt, der ist jeder beliebigen in der Folge infizierten Person — nicht auch

---

„Schniefen" des Kindes im Verein mit einem verdächtigen, aber nicht charakteristischen Nasenbefunde den Verdacht einer kongenitalen Syphilis auftauchen ließ, und der Verdacht, aber nur dieser, von einem bekannten Spezialisten bestätigt wurde.

[1]) < Eine andere juristische Konstruktion läßt *Hellwig* a. a. O., S. 32, Sep. Abdr. S. 9, offen, ohne sie zu vertreten: Die Amme könne von den Eltern, die den Arzt angenommen haben, Zession des den Eltern gegen den Arzt zustehenden Anspruches mit der Wirkung verlangen, daß sie ihren, der Amme, eigenen Schaden zur Geltung bringe. Jedoch dahingestellt, ob dieser Weg im modernen Recht erlaubt ist, er scheint mir gar nicht zum Ziele zu führen. Man denke an den Fall, daß der Hausvorstand die Amme behält und dem Arzt verbietet, ihr von der Krankheit des Kindes eine Mitteilung zu machen. Hier hat der Hausvorstand gegen den Arzt nicht einmal eine „actio inanis". Daß aber die Amme weggeschickt oder aufgeklärt werde, ist auch Sache des Arztes, und hierdurch unterscheidet sich die Pflicht ad b sehr wesentlich von derjenigen ad a. >

sonst geschädigten Dritten[1]) — soweit immer der ursächliche Zusammenhang zwischen der Versäumung und der Infektion nachweislich reicht[2]), zum Schadensersatze verbunden (§ 823 Abs. 2 BGB.). Ein geradezu unabsehbarer Haftungserfolg! Eine anschwellende Seuche ließe den Schaden zu unberechenbarer Höhe anwachsen, in derselben Art, wie wenn jemand auf der Straße ein Streichholz fortwirft und infolgedessen ein Stadtviertel abbrennt. Mit Fug ist auf dem Ärztetage auf diese Verantwortlichkeit nachdrücklich hingewiesen worden.

9. Eine immerhin unter die ärztliche Berufsausübung fallende Gruppe von Pflichten umschließt den notwendigen außerärztlichen Verkehr mit dem Patienten und dessen Angehörigen, Bediensteten, Besuchern. So hat sicherlich der praktische Arzt für die körperliche Sicherheit der Klienten seiner Sprechstunde soweit zu sorgen (§ 823), daß nicht etwa im Dunkel des Korridors eine trügerische Stufe oder ein beulendrohender Schrank den Kranken kränker machen. Kürzlich ist ein noch viel kühneres Ansinnen an einen Arzt gestellt worden. Der Besucher einer außergewöhnlich stark besuchten Sprechstunde hatte die Gastfreundschaft des Arztes in besonderem Maße in Anspruch genommen und kam in dem nicht beleuchteten Zugang zum Abort zu Schaden. Das Reichsgericht[3]) mißbilligte den hierauf gestützten Ersatzanspruch: „Wenn auch im einzelnen Falle der Be-

---

[1]) Z. B. nicht den Kaufleuten, die infolge des Ausbruchs der Epidemie ihre Läden schließen müssen.

[2]) Der Kausalzusammenhang zwischen dem Verstoße gegen das Gesetz und dem eingetretenen Schaden muß, was in der juristischen Literatur angezweifelt wurde, nachgewiesen sein. So Entsch. des Reichsgerichtes vom 27./2. 1902, Jurist. Wochenschrift 1902, Beilage S. 212; 6./10. 1903, ebd. 1903 Beil. S. 126; vgl. auch Entsch. Bd. 52 S. 126. Die früheren Ansichten bei Endemann, Einführung in das BGB. § 129 N. 5.

[3]) Entsch. d. Reichsg. in Zivils. vom 23./2. 1900, Juristische Wochenschrift 1900, S. 302; sie erfloß noch nach gemeinem Recht, paßt aber ohne weiteres auf das durch § 823 BGB. hergestellte Recht.

klagte (der Arzt) genötigt war, den bei ihm Vorsprechenden die Benutzung seines Abortes zu gestatten und dieselbe geduldet hat, so führt dies nicht dahin, ihn zur Beleuchtung des Zugangs zu verpflichten, es genügt vielmehr, wenn im Wartezimmer ständig ein Bediensteter sich aufhielt, der in der Lage war, den nach dem Abort Verlangenden Auskunft zu erteilen und im einzelnen Falle für Beleuchtung Sorge zu tragen". Daß die notwendigsten Vorkehrungen zu treffen sind, sieht man daraus immerhin.

10. Eine besonders geregelte Verantwortlichkeit trifft endlich die beamteten Ärzte insofern, als sie jedem aus dem Publikum haften, zu dessen Ungunsten sie eine interne, aber zum Schutze der Einzelnen erlassene Dienstvorschrift verletzen (§ 839).

Wer „Beamter" ist, ist im Deutschen Reiche keine leicht zu beantwortende Frage. Nach richtiger Ansicht läßt sich nur kasuistisch darauf Auskunft geben. Keinesfalls sind es nur die sogenannten unmittelbaren Staatsbeamten, wie die Medizinalräte, Medizinalassessoren und die Kreisärzte, sondern mindestens in den meisten Bundesstaaten auch die Vorsteher der Universitätskliniken und anderer staatlicher oder kommunaler Krankenhäuser oder provinzialständischer Irrenanstalten, deren Assistenten, die Direktoren der Hebammenlehranstalten, die Hebammenlehrer.[1]) Die Privatbeamten scheidet man aus dem Geltungskreise des § 839 gänzlich aus.[2]) Ich möchte diese Fragen ganz beiseite lassen, da ich einer sehr radikalen

---

[1]) Vgl. für das preußische Recht Wernich, Zusammenstellung der gültigen Medizinalgesetze Preußens, 3. Auflage 1894 S. 97 und übh. das Ges. vom 13./2. 1854 Ges.-Samml. S. 86, § 5. Daß die Assistenten an Universitätskliniken Beamte sind, ist nach Wehmer, Die neuen Medizinalgesetze Preußens (1902) S. 154 durch ein Urteil des Preuß. Ob. Verw. G. vom 4./5. 1898 festgestellt. Enger ist der Begriff des „Staatsdieners" z. B. in Sachsen, Ges. v. 7./3. 1835 § 1.

[2]) Rehm in Hirths Annalen, 1900, S. 380 ff. Dieser Staatsrechtslehrer gibt eine anregende Erläuterung des Begriffes „Beamter", besonders gegenüber dem Begriffe „Amt"; es scheint mir aber bedenklich, staatsrechtliche Lehrsätze ohne weiteres auf eine Bestimmung

Ansicht anhänge. Mit Rücksicht auf die ratio des § 839 ist m. E. sein Inhalt nicht bloß auf den weitesten Kreis von unmittelbaren und mittelbaren Staatsbeamten und öffentlichen Beamten übh. zu erstrecken, sondern es wird schwerlich eine wenigstens analoge Anwendung auf die durch privaten Vertrag zur Leistung höherer Dienste angestellten Beamten vermieden werden können; andernfalls ergäbe sich im Systeme des BGB. eine durch nichts gerechtfertigte, sehr empfindliche Lücke.

Das zeigt sich sofort bei der ärztlichen Haftpflicht. Es wäre unbegreiflich, warum ein Bahnarzt, der die Rettungsgeräte nicht nachsieht, den bei einer Entgleisung hilflos verkommenen Fahrgästen gerade nur dann haften sollte, wenn das bezügliche Landesrecht es gestattet, ihn als mittelbaren Staatsbeamten zu betrachten, und warum dann der Arzt einer Staatsbahn so viel schlechter gestellt sein sollte, als der einer Privatbahn. Ebenso unangemessen wäre es, wenn der Assistent du jour einer Krankenanstalt vom Dienste fortbleibt, oder wenn er einen Kranken überhaupt nicht behandelt, ihn wegen der dadurch verursachten Versäumungen haftbar zu machen, wenn es ein preußisches Kommunalspital, dagegen nicht, wenn es eine sächsische, oder wenn es eine von einer Stiftung[1]) unterhaltene Anstalt ist.[2])

Aus diesen Erörterungen erhellt zugleich die Tragweite

---

des Bürgerlichen Gesetzbuches zu übertragen, ohne zuvor den Zusammenhang der privatrechtlichen Normen zu untersuchen, und auf diesen ist Rehm gar nicht eingegangen. Zu einem etwas anderen Resultate als dem seinen würde übrigens die den § 359 des Strafgesetzbuchs heranziehende Ansicht der meisten Zivilisten führen. Vgl. Niedner, Einführungsgesetz zum BGB., 2. Aufl. S. 166; Planck, BGB., § 839, 2a.

[1]) Über die verschiedenen Inhaber der Krankenanstalten vgl. G. Meyer, Lehrb. des D. Verwaltungsrechtes I S. 218 ff.

[2]) Die Stiftung selbst würde nur aus § 831 BGB. haften. Daß ein geradezu untauglicher Arzt aber fahrlässig bestellt ist, kommt wohl nie vor, denn der Kurator als Laie muß sich auf die Zeugnisse und Empfehlungen verlassen und soll sich in die Amtsführung selbst gewiß wenig einmischen.

des § 839 in sachlicher Beziehung.[1]) Und es würde wohl angezeigt sein, daraus auch einen Rat zu entnehmen. Vielfach stehen die Anstaltsärzte, namentlich die dirigierenden Ärzte unter sehr strengen Dienstvorschriften; sehr häufig aber spricht die tatsächliche Übung diesen Instruktionen Hohn. Es ist z. B. für einen sich starker Privatpraxis erfreuenden, dazu vom Staate selber mit anstrengender Lehrtätigkeit betrauten Kliniker ganz unmöglich, Säle mit hunderten von Betten wirklich, wie es seine Instruktion verlangt, täglich Bett für Bett zu visitieren. Diese Divergenz muß ihn aber vermöge des § 839, ungeachtet einer den Verhältnissen genügenden Tätigkeit des Hilfspersonals in eine sehr bedenkliche Haftung verwickeln. Und die Lehre daraus kann wohl keine andere sein, als daß die Instruktionen der wirklichen Regelung, insofern sie als gesund gelten darf, angepaßt werden müssen.

11. Als allgemein bedeutsam sei noch die Pflicht der Beaufsichtigung erwähnt. Die Ärzte in Krankenhäusern und Irrenanstalten üben kraft Instruktion oder Vertrages die Aufsicht über minderjährige, zeitweilig unter Zwangsvorstellungen befindliche, geisteskranke oder geistesschwache Kranke, in der Regel allerdings nur dadurch, daß sie den mit der Aufsicht zunächst betrauten Wärter kontrollieren. Wenn nun infolge versäumter Aufsicht der Kranke sich selbst beschädigt, z. B. der delirierende Kranke aus dem Fenster springt, der Melancholiker sich entleibt, so tritt Haftung der etwa fahrlässigen Aufsichtspersonen ein. (§ 823 Abs. 1; vgl. Endemann, Einführung in das BGB. I S. 659.) Aber auch noch eine weitere Bestimmung ist durch § 832 getroffen. Wenn der Kranke infolge der vernachlässigten Aufsicht anderen einen Schaden zufügt, z. B. der aus der Anstalt entsprungene Irre jemanden verletzt, so ist der schuldhafte Hüter dem Dritten zum Ersatz verbunden. Den Entlastungsbeweis hat er selbst zu führen. Überflüssig sind aber die von dem Psychiater

[1]) Haftet der Polizeiarzt, der die puellae publicae zu untersuchen hat, jemandem, der sich bei einer oberflächlich Untersuchten ansteckt? M. E. zweifellos nicht. Denn die Dienstvorschriften der Polizeiärzte sollen nur die öffentlichen Gefahren eindämmen; zum Schutze der einzelnen in Freudenhäusern verkehrenden Personen sind sie sicherlich nicht erlassen. Dagegen besteht gegenüber der Dirne selbst Haftung nach § 823.

Schultze in seinem interessanten Aufsatze: „Psychiatrische Bemerkungen zum BGB.“, Arch. f. bürg. Recht, Bd. 17 S. 99. 102 wider den § 832 erhobenen Bedenken. Denn insofern die moderne Irrenpflege freie Bewegung der Geisteskranken begünstigt, ist das Befolgen dieses Postulates nicht schuldhaft, sobald nur auch die Sicherung der Gesunden gebührend berücksichtigt wird. Die internierten Kranken einfach in den Dörfern spazieren gehen zu lassen, ohne ihnen wenigstens von ferne einen Wächter nachzuschicken, geht freilich nicht an, — das wird auch ein neues Gesetz nicht ändern dürfen. Maßgebend bleibt, ob eine Schädigung durch den Kranken voraussehbar war, und damit erledigt sich das meiste von Schultze gesagte.[1])

III. Abschnitt.

Die Haftung für Hilfspersonen.

Wir haben nun der Haftung zu gedenken, in die der Arzt durch Verstöße der von ihm zur Hilfeleistung herangezogenen Personen, Ärzte und Nichtärzte, verwickelt wird. Diese Materie ist sehr kompliziert und bedarf noch gründlicher Aussprache unter den Juristen. Überdies aber betrifft sie überwiegend die Interessen nur eines Teiles der Ärzte. Ich werde mich daher darauf beschränken, die Grundlinien zu ziehen und die allgemeiner interessierenden Punkte hervorzuheben. Damit ist aber den hier übergangenen Partien ihre theoretische und rücksichtlich der über ein größeres Personal verfügenden Ärzte auch eine beträchtliche praktische Bedeutung keineswegs abgesprochen.

Selbstverständlich ist, wenn nachfolgend von dem Einstehen für Hilfspersonen gesprochen wird, dadurch

---

[1]) <Der Fall des § 823 Abs. 2 ist nicht gegeben, vgl. die im Übrigen nicht unanfechtbare Entscheidung des Reichsgerichtes, Entsch. Bd. 53 S. 312. — Anders als vorstehend wäre nur zu urteilen, wenn man etwa aus § 832 die Haftung wegen mangelnder Beaufsichtigung schlechtweg, ohne Rücksicht auf unterlaufendes Verschulden des Aufsichtspflichtigen, herauslesen wollte. Hierzu dürften aber vorläufig die Gerichte ohnedies nicht geneigt sein.>

nicht ausgeschlossen, daß neben dem Geschäftsherrn auch der Gehilfe selbst dem Beschädigten aufzukommen habe, und daß, falls sich der Beschädigte an den Geschäftsherrn hält, diesem seinerseits ein Rückgriff gegen die Hilfsperson zustehe, d. h. die Befugnis, den gezahlten Betrag von ihr ganz oder teilweise zurückzuholen. Allein nicht immer liegt der Tatbestand so, daß die Hilfsperson auch ihrerseits haftet [1]), und selbst wenn dies zutrifft, vereitelt häufig ihre Vermögenslosigkeit den praktischen Erfolg ihrer Haftung.

Man muß vor allem zwischen befugter und unbefugter Verwendung von Hilfskräften unterscheiden, also danach, ob der Arzt seine Dienste in Person zu leisten hatte oder ob seine Obliegenheiten auch durch andere erfüllt werden durften.

A. Unbefugte Verwendung.

1. In der Privatpraxis wird unberechtigte Vertretung bei Festhaltung unserer oben S. 24 entwickelten Auslegung des Parteiwillens wohl selten denkbar sein. Der Arzt, wenn er nicht gerade ein Leibarzt oder sonst ausnahmsweise zu eigener Assistenz verbunden ist, befreit sich von dem zugesagten Besuche, indem er einen ordentlich gewählten Vertreter schickt. Nimmt der Patient diesen an, so schließt er damit auch schon einen neuen Vertrag mit dem zweiten Arzte, wobei es für die Haftung ziemlich gleichgültig bleibt, wem das Honorar schließlich zu bezahlen ist. Von einer Ersatzpflicht wegen Verschuldens des Substituten ist da keine Rede. Etwas abweichend ließe sich die Sachlage nur dann beurteilen, wenn dem Patienten eine freie Wahl, ob er den Vertreter akzeptieren wolle, gar nicht bleibt, sei es, daß er bewußtlos daliegt, sei es, daß er andere Hilfe nicht zu beschaffen vermag,

---

[1]) Z. B. haftet der Geschäftsherr in den Fällen des § 831 allein, wenn der Gehilfe ohne Verschulden ist. Zu berücksichtigen ist auch besonders § 840 BGB., auf dessen Auslegung aber nicht eingegangen werden kann.

etwa auf dem Lande oder in dringendem Falle in der Stadt. Dann muß der Kranke eben, schon um sich die Haftung des Arztes zu erhalten, den von diesem Betrauten gewähren lassen, und es wird sich weiter nach allgemeiner Regel fragen, ob die Versäumung der persönlichen Leistung vom Standpunkte des ersten Arztes ein Verschulden enthält, oder ob diesem selbst kein anderer Weg offen war.

Unter allen Umständen zu fordern ist aber auch nach dieser, gegenüber der gangbaren wesentlich liberaleren Ansicht, daß der Vertreter ordentlich gewählt sei. Das bedeutet natürlich nur, daß man sich jenes ungefähre Urteil über die Kapazitäten des Kollegen verschafft haben soll, welches die Ärzte einer Stadt von einander zu besitzen pflegen, und daß man jeden Arzt von gewöhnlichen Fähigkeiten, nicht aber den ersten besten verwenden darf. Denn daß es trotz Examens und Approbation unter den 30000 deutschen Ärzten hie und da einen gibt, der seinem Berufe nicht gewachsen ist, das versteht sich von selbst. Die medizinische Kunst müßte viel leichter sein, als sie ist, wenn der Stand sich durch vollständige Reinheit von untauglichen Elementen vor allen anderen auszeichnen sollte. Vor Zeiten sollen Ärzte einmal einem ehemaligen Couleurbruder ihr Vertrauen geschenkt haben, der sich nachher als Hochstapler und Kurpfuscher entpuppte; ein eklatanter Fall von culpa in eligendo, Verschulden in der Auswahl. Die Bezeichnung eines Kollegen als Vertreters gegenüber jemandem, der vertragsgemäß auf Behandlung Anspruch hat, verpflichtet eben kraft des Vertrages.

Trotz eines Verschuldens in eligendo ist jedoch die Substitution befugt; nur zieht die Fahrlässigkeit die regelmäßigen Folgen nach sich, die Haftung des Bestellers für Verstöße, die ein ordentlicher Arzt nicht begangen hätte.

Anders verhält es sich mit der Aufstellung eines Substituten gegenüber der Klientel im allgemeinen. Denn dieselbe enthält an sich wohl nur eine sachverständige

Empfehlung, und das Bürgerliche Gesetzbuch § 676 erklärt den Rat oder die Empfehlung für nicht verpflichtend. Daran wird grundsätzlich mit Entschiedenheit festzuhalten sein. Immerhin dürfte in Anbetracht verschiedener denkbarer Tatsachen-Konstellationen eine gewisse Vorsicht angezeigt erscheinen, z. B. wenn man sich für die Zeit des Sommerurlaubs einen Kollegen aus einem fremden Ort verschreibt, und den Patienten als Vertreter benennt. Hat man etwa Vertreter zur Verfügung, die einem ärztlichen Standesverein angehören, so bietet die Erkundigung bei diesem, der eine zuverlässige und unparteiische Personalkenntnis besitzt, die beste Beruhigung. Wo freilich dieses Mittel versagt, da wird man Nachforschungen über die Fähigkeiten des Vertreters kaum durchzuführen vermögen, und ebendeshalb wird regelmäßig von einer Nachlässigkeit in der Auswahl keine Rede sein können.

2. Die Berechtigung, in Krankenanstalten und sonstigen ärztlichen Instituten Dienstleistungen auf Hilfskräfte abzuwälzen, hängt von den Dienstvorschriften ab. Verletzung derselben stellt nach dem oben S. 57 Z. 10 besprochenen § 839 BGB. einen Haftungsgrund dar.

Zu 1 und 2. Was ist die Folge unbefugter Substitution? Nach allgemeinen Grundsätzen Haftung für diejenigen Schädigungen, welche bei pflichtgemäßer persönlicher Behandlung vermieden worden wären. Ein Verschulden des Vertreters ist dabei nicht notwendig. Der Leibarzt, der eine Vergnügungreise einer Operation vorzöge, der Assistent, der den Krankenwärter der Vorschrift zuwider Katheter einführen ließe, wäre für Verletzungen des Patienten verantwortlich, auch wenn den Vertreter bei der Operation etwa der Schlag getroffen hat[1]), oder der Wärter in seinem Fach so „ordentlich" wie nur möglich ist. Verschulden des Vertreters läge da nicht vor, da

[1]) Das Beispiel stammt von Goette a. a. O.

dieses ja nach den eigenen Verhältnissen des Vertreters zu bemessen ist, wohl aber Schuld und daher Haftung des Bestellers.

B. Befugte Verwendung.

Auf die Haftung bei befugter Verwendung von Hilfspersonen zielen zwei Paragraphen zugleich ab. Es handelt sich um eigenes Verschulden bei Auswahl und Beaufsichtigung des Personals und um bloßes fremdes Verschulden.

1. § 831 BGB. verhält zum Ersatze, wenn ein Arzt sich einer Hilfskraft bedient, bei deren Auswahl oder ihm obliegenden Beaufsichtigung[1]) fahrlässig vorgeht, und nun „in Ausführung der Verrichtung" ein Unglück geschieht. Dasselbe gilt übrigens, wenn Geräte zu beschaffen sind, z. B. Operationsinstrumente, und bei deren Bereitstellung ein Versehen unterläuft. Diese Haftung ist von dem Vertrage unabhängig. Hierher gehört demnach auch die durch die Dienstvorschriften einer Anstalt erlaubte Zuweisung von Arbeiten an solche Hilfskräfte, welche der Arzt bestellt — d. h. anstellt oder zu den einzelnen Verrichtungen weist — oder welche er (§ 831 Abs. 2) für den bestellenden Geschäftsherrn, d. i. hier die Verwaltung, aufnimmt, bzw. zuteilt.[2]) Sind dagegen z. B. dem Arzt von der Verwaltung Assistenten und Wärter beigegeben, und ist der Wirkungskreis derselben durch die Dienstvorschrift ausdrücklich oder stillschweigend bestimmt, so kümmert

[1]) Daß die Aufsicht nur den Rahmen des vernünftigen und normalen Verkehrs einhalten soll und man sich auf Pflichttreue und eigene Einsicht der Hifsarbeiter bis zu einem gewissen Grade verlassen darf, hat das Reichsgericht wiederholt ausgesprochen. Vgl. bes. Entsch. 5./6. 1902 (Jurist. Wochenschr. 1902, Beilage S. 256; Deutsche Jurist. Zeitung 7, 461), ferner zur Aufsichtspflicht übh. Reichsg. Entsch. Bd. 53 S. 53 vom 20./11. 1902 und die dort zit. Entsch. vom 3./11. 1902, sowie Entsch. Bd. 53 S. 123 vom 14./12. 1902.

[2]) Ebenso haftet der Hausarzt, der fahrlässig Wärter oder Amme engagiert, jedem Dritten für den durch diese Leute angerichteten Schaden; s. Hellwig, a. a. O. S. 29.

es den Arzt wenig, wenn dieses Personal Verstöße begeht. Höchstens daß er auf Abhilfe tunlichst dringen soll. Für die Unerfahrenheit und die zu geringe Zahl des Personals ist die Verwaltung selbst verantwortlich. Allzu strenge sei man auch gegen diese nicht. Besonders die Spitäler, die durch öffentliche Wohltätigkeit erhalten werden, haben sehr karge Mittel. Der Dienst muß sich da so häufig auch in der Kost und in den Medikamenten (z. B. Antitoxin) bescheiden, und das Publikum das opferwillig Gebotene dankbar hinnehmen.

Voraussetzung der Haftung ist nicht ein Verschulden des Untergebenen. Denn nicht dieses, sondern das Verschulden des Bestellers ist der Haftungsgrund. Ein junger Anfänger wird z. B. ohne Schuld sein, wenn er über Geheiß seines erfahrenen Chefs eine schwierige Operation durchführt und verfehlt. Der Kliniker aber, der ihn damit beauftragt hat, haftet, wenn der üble Ausgang vorhersehbar erschien. Daran kann man privatrechtlich nichts ändern; daß darin für die Ausbildung der Ärzte ein Problem liegt, haben wir schon erwähnt. Bei öffentlichen Anstalten haftet also immer nur derjenige, dem ein Verschulden zur Last fällt.[1])

Sehr bemerkenswert ist die Umkehrung der Beweislast (§ 831 Abs. 1 Satz 2). Der Arzt muß da wirklich beweisen, daß er bei der Bestellung und Beaufsichtigung von Schuld frei war. Und da solche Beweise manchmal schwierig sind, namentlich wenn sie die Zuweisung einzelner Arbeiten betreffen, so kann es dabei tatsächlich vorkommen, daß

---

[1]) Von wem man das sagen kann, ist allerdings bisweilen eine nicht ganz einfache Frage. Nehmen wir folgenden Fall: Ein Patient wird jeden Abend um 8 Uhr kathetrisiert. Einmal verspätet sich der Arzt um 2 Stunden. Auf dringende Bitte des Kranken macht die Wärterin die Einführung, wobei eine Verletzung erfolgt. Der Arzt ist vielleicht durch andere Kranke, z. B. eine Entbindung, aufgehalten worden, vielleicht auch durch ein sich lange hinziehendes Experiment; das ist an sich noch kein Verschulden. Ob da die Wärterin ihren Wirkungskreis überschritten hat? Auch das hängt vom einzelnen Falle ab.

der Besteller auch ohne Verschulden Schadensersatz zahlen muß. Eben darum aber, weil der Kläger es hier so viel besser hat als sonst, weder das Verschulden der Hilfsperson noch das des Bestellers darzutun braucht, wird die Gesetzesbestimmung auch von solchen Patienten gerne benutzt werden, die wegen culpa in eligendo schon einen Vertragsanspruch besitzen, wie z. B. die Klienten einer Privatklinik.

2. Bereits eingangs haben wir die Bestimmung des § 278 berührt, kraft deren ein durch Vertrag (oder Geschäftsführung) verpflichteter Arzt wegen des Verschuldens seiner Hilfspersonen einsteht. Eigenes Verschulden kommt hier gar nicht mehr in Betracht. Der Inhaber einer Privatklinik hat den Schaden zu ersetzen, den seine Ärzte und Wärter schuldhaft anrichten; der Chirurg haftet in seiner Privatpraxis für die Assistenz bei der Operation. Ein Beispiel hierfür: Der Assistent hat den von ihm eingeführten Katheter nicht richtig ausgekocht und verursacht dadurch eine Cystitis.

Die Handlungen, welche den Arzt verpflichten sollen, müssen aber bei der „Erfüllung seiner Verbindlichkeit“ erfolgen. § 278 sagt das zwar in etwas unklarer Fassung,[1]) es ist aber wohl sicher anzunehmen. Und daraus folgt in Übereinstimmung mit den herrschenden Anschauungen zweierlei.

Erstens ist man gar nicht verpflichtet durch Handlungen von Leuten, die man zwar zum Zwecke der Erfüllung benützt, die aber selbst mit der Erfüllung nichts zu tun haben. Nehmen Sie z. B. einen Wagen, um zu einer vereinbarten dringenden Operation zu fahren, und der Kutscher hat die Nacht durchgelumpt und fährt in

[1]) Schuldner haftet „für das Verschulden der Personen, deren er sich zur Erfüllung seiner Verbindlichkeit bedient“; dies kann nur heißen, daß er auch nur für die Handlungen einsteht, welche bei der Erfüllung der Verbindlichkeit erfolgen. Damit scheint mir eine Reihe in der Literatur geltend gemachter Auslegungszweifel de lege lata erledigt zu sein.

seinem Dusel in eine falsche Ortschaft, so ist Ihre Verspätung für Sie kein Haftungsgrund.[1])

Zweitens ist man nicht verpflichtet durch Handlungen der Gehilfen, die nur bei Gelegenheit der Erfüllung geschehen, sondern lediglich durch solche, die bei Ausführung der ihnen obliegenden Verrichtungen begangen werden. Ein Wärter entflammt z. B. in einer sich allzu gewaltsam äußernden Liebe zu einer schönen Patientin. Muß dann der Inhaber der Klinik nun etwa — Entbindungskosten und Alimente bezahlen? Gemäß der überwiegenden Ansicht nach geltendem Recht nicht. Auch ein vorsätzlich begangenes, auch ein strafbares Delikt muß der Besteller allerdings zivilrechtlich vertreten. Aber der Wärter ist zur Wartung bestellt. Führt er diese schlecht aus, gibt er bei Alkoholdelirium eine Zwangsjacke, um Ruhe zu haben, läßt er bei Elektrisierung einen zu starken Strom los, um sich für Chikanierung zu rächen, so haftet

---

[1]) Gerade dieser Fall ist behandelt bei Nußbaum, Haftung für Hilfspersonen S. 66; Hoffmann, Haftung des Schuldners für seine Gehilfen S. 149; Feder, Verantwortlichkeit für fremdes Verschulden S. 47. In Betracht kommen könnte höchstens Haftung wegen Verschuldens in der Auswahl (oben Z. 1); manche Schriftsteller übersehen aber bei diesem Kutscherfall, daß auch die letztere Haftung regelmäßig entfällt, wenn man ein öffentliches Lohnfuhrwerk benützt, wo Lohnherr und Polizei wählen und beaufsichtigen. Man ist wahrhaftig nicht verpflichtet, zu untersuchen, ob die Nase des Droschkenkutschers mehr oder weniger rot ist. Einen sinnlos Betrunkenen nimmt ohnedies niemand.

<Daß überhaupt ein Zweifel in dem Falle des Textes auftauchen konnte, rührt daher, daß man überwiegend, auch in den Lehrbüchern, annimmt, die „Vorbereitung der Erfüllung“ gehöre zur Erfüllung, und sie müsse daher von der „Ermöglichung“ oder der „Setzung einer Bedingung“ der Erfüllung geschieden werden. Unrichtig daran ist mindestens der Ausgangspunkt, daß die Verbindlichkeit z. B. des Leihers einer Teetasse lediglich auf Rückgabe gehe, und daß die Diligenz in der Benützung unter die Vorbereitung der Erfüllung falle. Die Diligenzpflicht hat in Rom unter das dare facere oportere ex fide bona gehört, und ebenso besteht auch heute eine in der Obligation inbegriffene Pflicht zur Ausübung der Sorgfalt z. B. bei der Benützung der entliehenen Tasse; dahin darf § 276 eher als nach anderen Richtungen ausgedeutet werden.>

der Arzt. Stiehlt dagegen der Wärter oder teilt er rohe Beschimpfungen aus, so sind das Dinge, die durch die Leistung der vertragsmäßigen Pflege nur ermöglicht sind, dieselbe begleiten, aber nicht in ihren Umkreis gehören. Der Patient könnte deshalb den Arzt eventuell wegen Verschuldens in der Bestellung oder wegen vernachlässigter Kontrolle, den beherbergenden Anstaltsinhaber wegen Verlustes eingebrachter Sachen als einen Gastwirt nach § 701 BGB. haftbar machen, niemals aber auf Grund des § 278.

Schluß.

Ich habe Ihnen, meine Herren, wohl nicht zu viel versprochen, wenn ich Ihnen einigen Schreck über die Menge Ihrer Pflichten in Aussicht stellte. Und resümieren wir deren privatrechtlichen Effekt, so gelangen wir zu dem Schlusse:

daß, mag der Arzt in welchem Verhältnis immer Kranke behandeln, er ihnen für jede durch schuldhaftes Verhalten in der Behandlung verursachte Schädigung mit seinem Vermögen einsteht, daß der Beruf ihn ferner in einer Reihe von Fällen der Haftung wegen Verschuldens sowohl dem Kranken als bisweilen Dritten gegenüber aussetzt, und daß der vertragsmäßig die Behandlung übernehmende Arzt überdies für das Verschulden seiner Gehilfen aufkommt.

Ihr erster Gedanke wird nach alledem sein: Wie werden wir diese Haftung wieder los?

Ist es vielleicht auf dem Boden unseres Gesetzes selbst möglich, die Verantwortlichkeit des Arztes durch Vereinbarung zu mindern, etwa durch schriftliche Reverse nach amerikanischem Muster, ähnlich wie man sie sich bei uns sehr angemessen über die Einwilligung zur Operation ausstellen läßt? Hierauf muß ich leider mit „Nein" antworten. Denn obwohl im allgemeinen die Haftung wegen leichter und grober Fahrlässigkeit im voraus ausgeschlossen werden darf[1]), so beschränkt sich dies doch füglich auf reine Vermögensverletzungen, nicht auf Vermögensschädigungen durch Körper-, Gesundheits-, Freiheitsverletzungen. Ich zweifle nicht, daß die Gerichte einen den letzteren Versehen die Haftung benehmenden Vertrag als gegen die guten Sitten verstoßend, für nichtig erklären würden.[2]),[3]) Nur die Haftung wegen Verschuldens einer Hilfsperson bei fehlendem eigenen Verschulden wird wohl vertragsgemäß ausgeschaltet werden dürfen (vgl. § 278 Satz 2), derart, daß die Hilfsperson allein haftet. Bezügliche Abmachungen öfter als in besonders gearteten konkreten Fällen zu treffen, empfiehlt sich indessen im Interesse des Standes m. E. überhaupt nicht.

Sollen wir eine Änderung des Gesetzes anstreben? Das glaubte ich bereits eingangs verneinen zu sollen. Zivilrechtliche Reformvorschläge hätten weder Aussicht noch Berechtigung.

Daß eine nähere oder entferntere Gefahr für jeden Arzt besteht, möchte schwerlich ein Jurist leugnen. Aber solche Gefahren teilen Sie mit allen anderen Berufen. Die Ähnlichkeit Ihres Standes mit demjenigen der Rechtsanwälte äußert sich auch in dieser privatrechtlichen exponierten Stellung. Überschätzt soll aber das Risiko derselben trotz allem nicht werden. Was bisher erträglich war, wird es auch, wie Ehrenberg mit Recht

---

[1]) § 276 Abs. 2. Reichsger. 17./2. 1902, Jurist. Wochenschrift 1902, Beilage S. 194.

[2]) < Ich brauche daher gar nicht auf die Frage einzugehen, ob ein pactum de culpa non praestanda bloß der Haftung aus dem Vertrage beraubt, die aus dem konkurrierenden Delikte übrig läßt (was ich allerdings mit v. Liszt, Deliktsobligationen S. 13 ff. und Kipp-Windscheid, Pand. II, S. 888 gegen die herrschende Meinung verneine.) >

[3]) Auch die strafrechtliche Verantwortung wird durch einen derartigen Vertrag nach der überwiegenden Ansicht nicht beseitigt.

bemerkt hat, in Zukunft bleiben.[1]) Mit welchem genaueren Grade der Schwere die Normen der Haftung auf Ihnen lasten werden, das, meine Herren, werden nunmehr Sie selbst am richtigsten beurteilen. Und dementsprechend werden Sie auch, von den Juristen unbeeinflußt, am sichersten Klarheit darüber gewinnen, inwiefern Ihr Risiko die Ausgleichung durch eine Haftpflichtversicherung erheischt.

Daß im allgemeinen die unser Vermögen bedrohenden Berufsgefahren durch die Versicherung mit Fug und mit Grund auf breitere Schultern abgewälzt werden, ist wohl heutzutage überwiegend anerkannt.[2]) Mit Fug darf auch speziell der Arzt sich versichern. Ihnen, meine Herren, brauche ich nicht näher auszuführen, ob viele deutsche Ärzte im Vertrauen auf die Versicherung ihrer Pflicht weniger treu bleiben würden, auch wenn das Strafgesetz seine gegenwärtige Schärfe einigermaßen

---

[1]) Eine Statistik der Ersatzfälle wäre allerdings schwer durchführbar, aber gewiß sehr wünschenswert. Über das Ergebnis einer Umfrage berichtet das Ärztl. Vereinsblatt 1903, April II, Nr. 996. Daselbst sind 52 Fälle erwähnt, wo Ansprüche auf Ersatz erhoben wurde, während in den wenigsten Fällen ein solcher wirklich gezahlt werden mußte. Eine andere Zusammenstellung von 341 Fällen von Anschuldigungen gegen Heilpersonen überhaupt (einschließlich auch der Kurpfuscher) gab Dr. A. Fuld, Ärztl. Sachverst. Ztg. 1899, Nr. 18, zitiert im Ärztl. Vereinsbl. 1899, S. 416.

[2]) Neuestens ist der Haftpflichtversicherung freilich wieder ein nationalökonomischer Gegner erstanden. L. v. Bortkiewicz, Die Haftpflichtversicherung in Schmollers Jahrb. f. Gesetzgebg. etc. 1903, S. 301—323 erhebt gegen den Apologeten dieses Versicherungszweiges, Manes (Die Haftpflichtversicherung, 1902), verschiedene Einwendungen, einzelne Übertreibungen mit Recht korrigierend, im ganzen in einer kaum zu billigenden Opposition. Insbesondere wird es ohne stichhaltigen Grund geleugnet, daß bei sonstigen Versicherungen des Versicherten Vermögen allein, das seiner Gläubiger lediglich vermöge des allgemeinen wirtschaftlichen Zusammenhanges, geschützt wird, gerade der Haftpflichtversicherte dagegen sofort den Ersatzberechtigten mitsichert. — Auch ein namhafter Jurist hat sich kürzlich wieder gegen die Haftversicherung gewendet. Bernhöft, Beiträge zur Auslegung des deutschen Rechts von Bernhöft und Binder, Heft 3, S. 224, erkennt diese Versicherung nur da als

einbüßte. Fragen kann es sich nur um den Nutzen und die Notwendigkeit der Versicherung speziell für den Arzt. Die Versicherung gewährt sonst Vorteile bei unberechtigten und bei berechtigten Haftpflicht-Ansprüchen. Auch gegen die unberechtigten übernimmt die Versicherungsanstalt wenigstens die Prozeßführung, und sie erspart dem Versicherten dadurch Zeit, Mühe und — was zumal mittellosen Gegnern gegenüber ins Gewicht fällt — die Verauslagung der Gerichtskosten.[1]) Allein von Zeitverlust und Ärger wird gerade der Arzt selten verschont bleiben; er hat ein zu persönliches Interesse daran, sich von jedem, auch dem mutwilligsten Angriff reinzuwaschen. Immerhin scheint diesbezüglich die Versicherung angenehm, besonders wenn die Anstalt in kulanter Weise zu Ausgleichen mit dem Gegner bereit ist. Der Kernpunkt liegt aber natürlich in dem Rückersatze bei den vom Gerichte als berechtigt anerkannten Haftansprüchen. Und was diesen anbelangt, so darf vorneweg behauptet werden, daß hohe Prämien beim Arzte ganz gewiß nicht am Platze sind[2]). Im übrigen

---

berechtigt an, wo Haftung ohne Verschulden statuiert ist. Aber wenn das Gesetz Sorgfalt verlangt, so heißt das doch nur, daß man für Verschulden aufzukommen hat; es heißt nicht, daß man mit seinen eigenen Mitteln aufzukommen habe. Und die Behauptung: „es erscheine zunächst als ein Widerspruch in sich selbst, wenn gerade ein sorgsamer Hausvater die Haftpflichtversicherung für geboten hält", läuft daraus hinaus, daß Homerus niemals schläft. Das zivilrechtliche Verschulden muß nicht etwas Verwerfliches sein, und vor allem ist es etwas Menschliches.

[1]) Hierüber gut Kiefer, Straßb. Ärztl. Mitt. 1903, S. 68 ff. Das Armenrecht insbesondere erleichtert dem Gegner die Prozeßführung. Es befreit ihn übrigens nicht von der Pflicht, bei Unterliegen dem Sieger die Kosten zu ersetzen (Ziv. Proz. O. § 117); tatsächlich werden sie allerdings meistens schwer hereinzubringen sein.

[2]) Die „Unfall-Versicherungspraxis" vom 1./4. 1901, Nr. 13, S. 116 ff. betont mit Recht, daß die Ärzte eine der günstigsten Gefahrenklassen für die Versicherung bilden. Und schon 1894 in „Wallmanns Versicherungszeitschrift", Bd. 30, Nr. 20, S. 301 wurde dagegen polemisiert, daß — was damals mehr als heute der Fall war — die Gesellschaften die Versicherung der Ärzte als riskant betrachten.

aber bleibt die nur von Ihnen selbst endgültig lösbare Frage, wie gefährlich die Haftung praktisch sei. Ihre Antwort wird vielleicht nicht ganz gleich ausfallen für die allein arbeitenden und für die ein Hilfspersonal beschäftigenden Ärzte; nicht ganz gleich, trotz unseres Strebens, den Verschiedenheiten der Situation gerecht zu werden, auch für Stadt- und Landärzte, Internisten und Chirurgen. Und für die einen und die anderen absolut genommen?

Ich möchte die Versicherung gegen Haftpflicht mit der Impfung vergleichen. Beide schützen vor möglicherweise eintretenden Schädigungen. Ob die Möglichkeit bei Ihnen so nahe droht, daß jeder sich schützen möge wie vor den Blattern, oder ob nur der nächst Gefährdete Immunisierung begehre, wie wer unmittelbar einer Diphterie-Infektion ausgesetzt ist, das, meine Herren, entscheiden Sie selbst!

Anhang.

I. Geschichtliche Notizen.

Daß die Haftung des Arztes eine sehr alte Geschichte hat, wird den meisten bekannt sein, da man von den harten Strafen häufig spricht, welche z. B. nach dem Berichte Diodors die alten Ägypter auf Abweichungen von den Kunstregeln setzten. Auch das neuestens so rasch berühmt gewordene Gesetzbuch des Königs Hammurabi von Babylon von ca. 2250 v. Chr. bestraft die Tötung oder Körperverletzung durch fahrlässig ungeschickte Operation mit dem Abhauen der Hand. Vgl. Kohler und Peiser, Hammurabis Gesetz I (1904) §§ 218 ff. und S. 130.

In Rom, welches unser juristischer Lehrmeister und bis in jüngste Zeit auch unser Gesetzgeber gewesen ist, stand die Verantwortlichkeit mindestens in der Zeit der uns erhaltenen juristischen Quellen fest. Freilich spricht Plinius der Ältere († 79 n. Chr.), naturalis historia 29, 1 cap. 8 § 17, wie wenn kein Gesetz die inscitia capitalis des medicus bestrafe, kein Beispiel einer Verfolgung desselben erhört sei. Und in der Tat mag gegenüber der in Rom zusammenströmenden Menge von Ärzten: Fremden, Sklaven und Freigelassenen, unzähligen kurpfuschenden Schustern und Schmieden, die Gesetzgebung empfindlich im Rückstand geblieben sein. Indessen, abgesehen von dem Sullanischen Gesetz gegen die Giftmischerei, lex Cornelia de sicariis et veneficis (80 v. Chr.), das man auf die

Verabreichung eines tödlich wirkenden Medikaments anwendete (Paulus, Sententiae V 23, 19) und anderen sicherlich herangezogenen Strafgesetzen (vgl. Dig. 29, 5 l. 5 § 3), haben spätestens die Juristen der heidnischen Kaiserzeit auf Grund der aus der Republik stammenden lex Aquilia (spätestens etwa 150 v. Chr.) die dort statuierte Zahlung eines Strafbetrages über den dolosen und den fahrlässigen Arzt verhängt. Der Tod des Patienten an sich belastet nicht, wohl aber die Schädigung durch imperitia (Dig. 1, 18 l. 6 § 7, vgl. Dig. 50, 9 l. 1 über die Zulassung der Ärzte in das Kollegium der Gemeindeärzte). Zunächst scheinen die Juristen nur die Behandlung eines Sklaven im Auge gehabt zu haben, die zum Ersatz gegenüber dem Herrn führt. Haftbar macht kunstwidrige Operation (Dig. 9, 2 l. 7 § 8; Justinians Institutionen 4, 3 § 7), unrichtige Anwendung eines Medikaments (Dig. 9, 2 l. 8 pr.; Inst. 4, 3 § 7), richtige Operation, aber fahrlässige Nachbehandlung (l. 8 cit.; Collatio 12, 7, 7; Inst. 4, 3 § 6; vgl. auch Dig. 9, 2 l. 9 pr. § 1). Vgl. Mommsen, Röm. Strafrecht S. 828 N. 9.[1]) Nicht zutreffend sind die Bemerkungen von Brouardel, Revue des deux mondes 1897, 6 S. 544. Alles dies galt aber ohne weiteres auch von der Behandlung freier Personen, nachdem die lex Aquilia allgemein auf sie angewendet worden war (Dig. 9, 2 l. 13 pr.). Über einige der angeführten Stellen ist Endemann, Die Rechtswirkungen der Ablehnung einer Operation S. 20 zu vergleichen.

Auf Grund dieser Quellenaussprüche (die in der westgotischen Gesetzgebung, lex Visigotorum 11, 1 l. 6 eine Rückbildung in härteres Recht erfahren hatten), ist die zivilrechtliche Haftung des Arztes in der deutschen Praxis detailliert entwickelt worden. Ich verweise bezüglich dieser heute bei vielen in Vergessenheit geratenen Tatsache auf die umfangreiche Abhandlung in dem Werke:

[1]) Hiervon handelt nach Friedländer, Sittengeschichte Roms I[6] S. 339 N. 2, auch Briau, L'archiatrie Romaine, 1877, S. 7 (mir nicht zugänglich).

Henr. Lampe, Dissertatio historico-iuridica de honore, privilegiis et juribus singularibus medicorum, in Groningo-Omlandica academia, Groningae 1736; Cap. 3 Sect. 1, De privilegiis et juribus singularibus odiosis medicorum, pag. 131—190, und die dort angegebene reichhaltige Literatur.

Die französische Rechtsprechung schloß sich zum Teil den römischen Quellen an, zum andern Teile und je länger, desto entschiedener trat sie für eine Milderung ein, indem der Arzt nur für grobe Fahrläßigkeit (faute lourde, impéritie évidente) einstehen soll. Das Nähere bei Gustave Rousseau, Mémoire sur la responsabilité du médecin, considérée plus particulièrement au point de vue de l'ostétrique, Annales de l'hygiène publique et de médecine légale, 2e série, tome XVI (1861) p. 197—203.

Im Anschlusse an das französische Vorbild wurden bei Schaffung des Strafgesetzbuches für den Norddeutschen Bund, das als Strafgesetzbuch für das Deutsche Reich in Geltung steht, verschiedenartige nähere Bestimmungen und Einschränkungen der ärztlichen Verantwortlichkeit angeregt; dieselben scheiterten sämtlich an unüberwindlich erscheinenden Schwierigkeiten teils juristischer, teils medizinischer Natur, nicht zuletzt an der Absicht, „bei dem durch die Gewerbeordnung freigegebenen ärztlichen Gewerbe die Gefährdung des Lebens und der Gesundheit durch unqualifizierte die Heilkunde gewerbsmäßig ausübende Personen strenge zu ahnden", ein gesetzgeberisches Motiv, das vom Reichsgerichte, Entsch. in Strafs. 12./4. 1882, Rechtsprech. IV S. 313 verwertet wurde, um die Strafbarkeit der Kurpfuscher zu begründen.

II. Dienstvertrag und Werkvertrag.

Der auf ärztliche Behandlung gerichtete Vertrag ist unstreitbar regelmäßig ein Dienstvertrag. (BGB. §§ 611 ff.) Von den Konsequenzen sind zwei hervorzuheben. Die Parteien haben ein erleichtertes Kündigungsrecht; der nicht „dauernd gegen feste Bezüge" angestellte

Arzt — anders der Leibarzt, Protok. der Kommission für die zweite Lesung des BGB. II S. 303 — darf (gleich dem Patienten) sogar ohne Rücksicht auf Vertragsabmachungen gemäß § 627 jederzeit ohne Angabe von Gründen kündigen. (Daß dieser Paragraph zwingendes Recht enthält, ergibt sich aus seinem Zusammenhang mit § 626.) Und der Arzt steht nicht für die günstige Wirkung seines Handelns ein.

Meist spricht man aber davon, daß der ärztliche Vertrag Werkvertrag (BGB. §§ 631 ff.) sein könne; s. bes. Planck, BGB. II S. 368. Die einmalige Übernahme einer Operation betrachtet Goette, Berl. Klin. Wochenschrift 36, S. 978, sogar typisch als Werkvertrag. Die Parteien hätten dabei nicht die ärztlichen Dienste selbst, sonderen deren „Erfolg" — dies sei nicht der günstige Erfolg, aber die sachgemäße Beendigung der Dienste — im Auge. Es ist zuzugeben, daß diese Auffassung mit der sehr verbreiteten Ansicht übereinstimmt, z. B. die Führung eines Prozesses durch den Anwalt, ja sogar die Erteilung einer Unterrichtsstunde durch den Lehrer sei ein „Werk". Die vage Fassung des § 631 Abs. 2 scheint in der Tat solche Meinungen zu legitimieren. Zu einer brauchbaren juristischen Behandlung könnten sie aber nicht führen. Entweder man würde die erwähnten und alle ähnlichen Verträge unter sämtliche Normen des Titels vom Werkvertrage subsumieren, oder einzelne Normen als unpassend ausscheiden. Das letztere wäre die reine Willkür und würde die größte Unsicherheit erzeugen. Übrig bliebe also nur der Versuch sinngemäßer Interpretation der Paragraphen über den Werkvertrag. Z. B. müßte man sich § 633 so zurechtlegen: Der Arzt hafte freilich nicht für den durch seine Einwirkung „zu erzielenden Verlauf" der Krankheit[1]) wohl aber, sagen wir „für mangelfreie Leistung, soviel an ihm liegt". Wäre jedoch eine solche Auslegung noch Anwendung des Paragraphen? Es ist

---

[1]) Ein Antragsteller in der zweiten Kommission wollte es aber dahingestellt sein lassen, ob die Haftung sich nicht auch hierauf erstrecke. Prot. II S. 277. Und geradezu behauptet es Riezler,

ja just das Kennzeichen des Werkvertrages, daß er nicht bloß Dienste als solche garantiert, sondern die Vergütung an den Effekt der Dienste knüpft. Dem jetzigen Paragraphen 631 zum Trotz hat das Bürgerliche Gesetzbuch sogar immer noch seine meisten Bestimmungen ausschließlich auf das körperliche Werk eingerichtet.[1]) Es bezieht dann noch in der Definition des § 631 und in weiteren, Analogie vorschreibenden, Paragraphen andere „Werke“ ein; das kann aber nur soweit gehen, als eine Analogie ungezwungen durchführbar ist.

Analog dem eigentlichsten Werkvertrag, der auf Herstellung oder Veränderung einer körperlichen Sache geht, gibt es Verträge, in denen der Arbeiter für eine wirtschaftliche oder immaterielle Normalfunktion des Arbeitserfolges haftet; so der Transport-, der Verlagsvertrag. Keineswegs ist aber jeder Vertrag, der die zu leistenden Dienste durch Angabe des Arbeitsquantums umschreibt und die Vergütung von der Herstellung dieses Quantums abhängig macht, darum schon ein Werkvertrag. Das Einstehen für die objektive Brauchbarkeit der Arbeit ist vielmehr, obwohl für den konkreten Vertrag nur ein naturale negotii, für den Vertragstypus, wollen wir ihn zum Werkvertrag rechnen, wesentlich. Und ob Einstehen oder nicht, das sagt für die einzelnen Vertragstypen nicht das Gesetz, sondern der Verkehr. Der Anwalt, der ein Testament abzufassen hat, eine Grundbuchsveränderung, eine Erbteilung durchzuführen übernimmt, kommt natürlich für die gesetzliche Gültigkeit des Testaments, die rechtliche Wirksamkeit der bücherlichen Eintragungen, die Gleichheit der Erbteile auf, soweit er dieselben nach seiner Tatsachenkenntnis zu beurteilen vermochte. Hier mag man Werkvertrag annehmen. Der Anwalt jedoch, der einen Prozeß führen soll, leiht nur seine sachgemäßen

---

Werkvertrag S. 46. Dies wurde, wie es scheint, bereits in der Kommission bestritten, und mit Recht. Niemand kann im einzelnen Falle sagen, wie der Verlauf der Krankheit, „den ärztliches Eingreifen ihr geben kann“, aussehen solle.

[1]) Ähnlich Riezler S. 35.

Dienste für unbekannte Kämpfe. Und ebenso der Chirurg für den unberechenbaren Kampf mit den Naturgewalten. Daß beide die sachgemäße Sorgfalt aufzuwenden haben, zeichnet sie nicht vor anderen Arbeitern aus.

Es ist daher nicht einzusehen, warum wir in derlei Kontrakten Werkverträge sehen sollten, die übrigen positiven Rechtssätze des BGB. ermutigen uns sicherlich auch nicht dazu. Die Freiheit der Kündigung (§§ 626, 627) des Dienstvertragstitels ist für die erörterten Fälle kaum entbehrlich, entgegengesetzt die Verjährung der Haftung in sechs Monaten seit Vollendung bzw. „Abnahme“ des Werkes für alle Beteiligten unerträglich. Soll der Klient etwa die Prozeßführung des Anwalts bei jedem verlorenen Prozeß sogleich überprüfen lassen? Dann würde, was sich heute ausnahmsweise zuträgt, die Regel werden, mißtrauische Kontrolle und übereilte Klageführung gegen Anwälte, Ärzte usw. Ja, man kann nicht *einen* Paragraphen des 7. Titels nennen (§ 632 = § 612 ausgenommen), der eigentlich passen würde.

Speziell für die Übernahme einer Operation wäre noch zu berücksichtigen, daß der Operateur durch die Regeln seines Berufes genötigt ist, in ganz anderem Grade seine ganze Kunst und Wissenschaft auf die ihm gesetzten Arbeiten zu konzentrieren und ungleich häufiger seine Arbeiten vorzeitig abzubrechen oder über das vereinbarte Maß hinauszuführen, als irgend ein Werkübernehmer. Diese Eigentümlichkeit der Operation scheint auch der neueste Schriftsteller der Materie, *Brückmann* (Der Einfluß des Erfolges auf den Honoraranspruch des Arztes, Ärztl. Sachverständigenzeitung 1902, S. 310 ff.) insoweit zu erkennen, als er die „höheren Operationen“ trotz der „mit brennender Begierde auf das Ziel, auf den Erfolg gerichteten“ Absicht des Kranken, für Dienstleistungen erklärt. Hingegen sollen „die im wesentlichen rein technischen Handlungen“, z. B. das Auspumpen des Magens bezüglich des Erfolges verpflichten. Jeder Arzt hätte hier den richtigen Einwand gefunden. Es gibt keine durchführbare Grenze zwischen „höheren“ und „niederen“ Operationen, und dies darum, weil jeder Eingriff, und sei es der allerunbedeutendste, auf die dunklen Kräfte der Natur trifft und die angespannteste Aufmerksamkeit des Arztes erfordert. Manche Schädeltrepanierung ist ungefährlicher als Ausheberung des Magens (z. B. Aneurysma!) oder als manche Bauchmassage. Das Recht aber braucht Durchschnittsnormen.[1])

Danach scheint es am Platze, wenn nicht besondere modifizierende Verabredungen getroffen werden, den ärztlichen Vertrag stets für einen Dienstvertrag zu halten.

III. Verschulden bei „dringender Gefahr".

BGB. § 680 ist überflüssig und daher irreführend. Die Regel, daß der Geschäftsführer ohne Auftrag bei dringender Gefahr nur für Vorsatz und grobe Fahrlässigkeit einstehe, stammt aus dem gemeinen Recht und ist bereits dort aus einer unlogischen Verbindung von Dig. neg. gest. 3, 5, l. 3 § 9, wonach der negotiorum gestor „bisweilen" nur für Dolus haftet, mit der Maxime hervorgegangen, welche die Culpa lata dem Dolus gleichstellt. Was man damit will, ist offenbar: Handlungen, die ohne dringende Gefahr dem Geschäftsführer als leichte Fahrlässigkeit zuzurechnen wären, sollen ihn, bei solcher Gefahr vorgenommen, nicht belasten.

Dies ist nun im großen und ganzen selbstverständlich. Gerade die Redaktoren des BGB., welche

---

[1]) Ganz verfehlt ist die Bemerkung: Man solle „an die Stelle der Magenpumpe die Klystierspritze und an die Stelle des Arztes den Heilgehilfen setzen, dem vielleicht aus Ungeschicklichkeit die Einführung nicht gelingt, woraus aber ohne weiteres ersichtlich, daß das maßgebende Kriterium nicht in der Person des Leistensollenden, sondern in der Qualifikation der Leistung selber zu erblicken ist." Auch der Heilgehilfe haftet nicht für den Erfolg und wegen des Mißerfolgs, — sind nicht auch Hühneraugenoperationen bisweilen äußerst gefährlich? — wohl aber wegen Verschuldens, und sowohl seine Ungeschicklichkeit als die Übernahme der Arbeit kann schuldhaft sein.

die Fahrlässigkeit als Verabsäumung der im Verkehr üblichen Sorgfalt definieren, hätten klar darüber sein können, daß der Begriff der Fahrlässigkeit eben die Erwägung der Umstände und der durch notwendige Eile bedingten geistigen Zustände einschließt, es also nur ein Umweg ist, zuerst von der vorliegenden dringenden Gefahr zu abstrahieren, dann zwischen grober und leichter Fahrlässigkeit zu unterscheiden und schließlich die leichte wieder zu streichen. Dem bei einem vollentfachten Hausbrande hilfsbereit herbeieilenden Nachbarn macht der Verkehr sicherlich überhaupt keinen Vorwurf daraus, wenn er gebrechliche Möbel auf die Straße wirft, statt sie hinunter zu tragen, selbst wenn die Treppe noch nicht in dem Maße bedroht war, daß der Transport gefährlich gewesen wäre. Der Geburtshelfer, der in der Hast objektiv fehlerhaft zur Zange greift, statt die Wendung des Kindes durchzuführen, trägt, wenn die drohende Gefahr ihm nur kurze Besinnung läßt, überhaupt kein Verschulden, sobald eben der ordentliche Arzt in der zur Verfügung stehenden Zeit zweifelhaft bleiben konnte. Daß und wie das Gesetz aber diese überflüssige Bestimmung aufstellt, hat zwei üble Konsequenzen.

1. § 680 geht in der beabsichtigten Erleichterung zu weit. Der Geschäftsführer sollte immer, wenn ihm überhaupt ein Vorwurf zu machen wäre, haften; der Richter sollte sich nicht zu fragen haben, ob die Handlung eine besonders dumme oder leichtsinnige war. Immerhin wird das für die Abgrenzung zwischen grober und leichter Fahrlässigkeit erforderliche Ermessen des Richters praktisch die unrichtige Fassung des Paragraphen hinreichend berichtigen.

2. Viel einschneidender wäre die Beschränkung des Rechtssatzes des § 680 auf die Geschäftsführung ohne Auftrag, wollten wir nicht auch diesbezüglich die Gesetzesanwendung korrigieren: Die Geistesgegenwart und Besonnenheit, die man von uns nach dem Maßstabe des ordentlichen Berufsgenossen erwartet, ist eine verschiedene in normaler Situation und wenn stürmische Motive

unseren Entschluß bedrängen. Wo uns von diesem Gesichtspunkt aus ein Vorwurf trifft, da haften wir; sonst sind wir frei. Und die Geschäftsführung ohne Auftrag hat in alle dem nicht die mindeste Besonderheit für sich.

IV. Objektive Bemessung des Verschuldens.

Der objektive Maßstab für die Beurteilung der Fahrlässigkeit, das Messen am Mustertypus, ist jetzt überwiegend angenommen (vgl. auch Entsch. d. Reichsger. Jurist. Woch. 1902, Beilage S. 263), obwohl mehrere Schriftsteller von demselben Prinzip ausgehend es mannigfach einschränken. So neben Cosack Bürg. R. I³, § 71, S. 238 (die Sorgfalt werde nach Alter, Geschlecht, Gesundheit verschieden bestimmt), auch Wendt, Archiv f. zivil. Praxis Bd. 87, S. 438, der selbst zuerst auf die Notwendigkeit des Festhaltens am objektiven Maßstabe hingewiesen hat und trotzdem Alter, Geschlecht, Erfahrung in Betracht ziehen will. Die herrschende Meinung dürften demgegenüber mit der kürzesten und treffsichersten Begründung die gerade auf den Arzt exemplifizierenden Worte Dernburgs (Bürg. R. II 1, § 63, S. 136) wiedergeben: Der Arzt muß die Sorgfalt des ordentlichen Arztes prästieren, ohne Unterschied des Geschlechtes, Alters oder der Intelligenz; denn das ist die im Verkehr erforderliche Sorgfalt, daß man in seinen Berufsgeschäften sich so benimmt, wie der ordentliche Berufsgenosse. Ebenso Linckelmann, Die Schadensersatzpflicht für unerlaubte Handlungen, S. 36, Enneccerus, Bürg. Recht², § 117, S. 291 und viele andere.

Dieselbe Meinung vertritt auch Endemann, Einführung I⁸ (1903), § 113 in eindringlicher Sprache; aber er sucht dafür in bemerkenswerter Weise eine Präzisierung, die zugleich zu näherer Auseinandersetzung auffordert: Man solle stets vor allem Inhalt und Umfang der Leistung „subjektiv" nach Maßgabe des konkreten Schuldverhältnisses bestimmen, sodann erst „Art der Erfüllung und Maß der aufzuwendenden Sorgfalt" objektiv.

Der ersteren Erwägung folgend, dürfe, wer einen unerfahrenen Anfänger mit der Wartung einer Maschine oder der Reparatur einer Padegguhr betraut, nicht die Zuverlässigkeit eines erfahrenen Meisters erwarten. Wer Fahrräder zum Unterricht vermietet, müsse mit stärkerer Abnützung rechnen.

Diese Unterscheidung ist unanfechtbar und fördert die Klarheit der Analyse, soweit sie besagt, daß der konkrete Vertrag den von dem Schuldner zu beobachtenden Mustertypus festlegt. Sie wäre undurchführbar und unannehmbar, sofern sie verleiten würde, den Grad der Sorgfalt doch wieder nach den konkreten Personen des Schuldverhältnisses abzuwandeln. Dies scheint aber Endemann in dem Beispiel des Maschinenwärters und Uhrmachers zu tun. Er mischt dabei selber in die zuerst zu erwägende Leistung des Schuldners die Sorgfaltprästation ein, und stellt durch die so verstandene Regel die unbeschränkte Geltung des objektiven Schuldmaßstabes in Frage. Allein wir finden in Wahrheit wohl das Auslangen, wenn auch jener Besteller an sich den Anspruch auf die Sorgfalt des ordentlichen Maschinenwärters, Uhrmachers genießt, durch eigenes Verschulden in der Auswahl aber gemäß § 254 beeinträchtigt wird. Ganz anders liegt das zweite Beispiel. Der Unterschied äußert sich sehr evident darin, daß der Besteller der Uhrreparatur durch die Sorglosigkeit gerade des individuellen Kontrahenten geschädigt wird, der Fahrradvermieter durch die von jedem Neuling zu erwartenden Ungeschicklichkeiten. Die hier erwartete Achtsamkeit ist allerdings eine durch die Eigenart des Kontraktes verringerte; aber der Grund dieser Eigenart liegt in der spezifischen Leistung des Vermieters [1]), und ihre Folge

[1]) Der Fall ist ähnlich dem von Pomponius, Dig. 13, 6 l. 29 besprochenen: Si commodavero tibi equum, quo志 utereris usque ad certum locum — — qui eum laborem sustinere non potuit. Er redet von „nulla culpa“ des Leihers; von Culpa des Verleihers offenbar darum, weil derselbe die Abnützung des Pferdes nicht voraussah (der bezügliche Satz ist übrigens verdorben).

ist, daß der Mieter nicht nach dem Maßstabe des mietenden Radfahrers, sondern nach dem ebenso objektiven des mietenden lernenden Radfahrers beurteilt wird. Hier gilt also Endemanns Regel, aber in dem erörterten Sinne.

Das konkrete Schuldverhältnis, z. B. der Vertrag mit seiner wirtschaftlichen Klassifikation der Kontrahenten, ist somit dafür maßgebend, wie weit oder wie eng der Mustertypus zu ziehen sei, d. h. welchen Umfang die „Art von Menschen" habe, „zu welcher derjenige gehört, dessen Verhalten zu beurteilen ist". (Kipp bei Windscheid, Pand. I, § 101 N. 8.) Indessen wird doch dort, wo eine Berufstätigkeit übernommen wird, eine Verengerung des Mustertypus nur soweit zulässig sein, als der Verkehr, der die Aufbringung der nötigen Fähigkeiten für die übernommene Tätigkeit fordern muß, den „Beruf" durch Abstufung verschiedener Maße von erforderlichen Fähigkeiten in verschiedene Unterarten teilt. Dies ist z. B. der Fall, insofern sich fabriksmäßige und handwerksmäßige Betriebe voneinander abheben, dies trifft auch vielleicht zu, wenn man einen Pariser Schneider und einen Dorfschneider einander gegenüber stellt. (Vgl. das Beispiel Schollmeyer's, Schuldverhältnisse I S. 101.) Ebenso darf man den praktischen Arzt von dem Spezialisten für Ohren- und Nasenkrankheiten, für Hautkrankheiten trennen. Dagegen wäre es völlig unangebracht, dem Mustertypus des ordentlichen Arztes im einzelnen Falle denjenigen des ordentlichen Konsiliarius oder Landarztes zu substituieren. Ausschlaggebend ist, daß der Verkehr feste Abgrenzungen der Fähigkeiten für die Behandlung durch den einen und den anderen nicht kennt. Wollten wir mangels solcher Abgrenzungen auf schwankende soziale Wertungen oder darauf Gewicht legen, was der Besteller in Anbetracht der Höhe des Honorars oder aus anderen Umständen „erwartet", so würden wir uns haltlos auf eine schiefe Ebene begeben, wir würden dann auch den Maßstab des ordentlichen 60jährigen, schwerhörigen, schlechtbezahlten Arztes anerkennen müssen, und unvermeidlich abermals bei der

Berücksichtigung des „Individuums und seiner Eigenheiten“ landen. Dies dürften auch Kipp und Schollmeyer a. a. O. meinen, deren übrige, jetzt vom Reichsgericht, Entsch. in Ziv. S. v. 11./12. 1902, Sächs. Archiv 14 (1904) S. 64 gebilligte Bemerkungen daher hier nicht zu berühren sind.

Damit dürfte das im Text angenommene Prinzip der bisherigen Literatur gegenüber gerechtfertigt sein. Eine andere Frage wird auf S. 11 aufgeworfen: inwiefern die Umstände der Situation bei Handhabung des objektiven Maßstabes zu berücksichtigen seien.

Verzeichnis der Spezialliteratur.

Assekuranz-Jahrbuch, herausg. v. A. Ehrenzweig. Bd. 13, 1892, S. 33—71. Die Kunstfehler der Medizinalpersonen.

Brouardel, Paul [Doyen de la faculté de médecine de Paris], La responsabilité médicale. In: Revue des deux mondes, Bd. 144, 1897, S. 543—563.

Coppens, P. *Charles,* Ärztliche Moral. Übers. von Dr. C. Niederberger. 1904 (moraltheologisch).

Ehrenberg [Prof. jur.], Die Haftpflicht der Ärzte nach dem BGB. In: Die Unfallversicherungspraxis, 3. Jahrg., 1900, Nr. 10. 11, S. 93—94. 101—102.

Flügge [Senatsvorsitzender im Reichsversicherungsamt], Das Recht des Arztes. 1903.

Goette [Gerichtsassessor], Was bringt das BGB. den deutschen Ärzten Neues? In: Berliner Klinische Wochenschrift, 36. Jahrg., 1899, S. 953—955. 978—979. Sonderabdruck Berlin 1899.

Hefke, Der Arzt im römischen und im heutigen Recht. Eine zivilistische Abhandlung. In: Archiv f. praktische Rechtswissenschaft. 3. Folge. Bd. 3, 1886, S. 1—69. 113—152.

Hellwig [Prof. jur.], Die zivilrechtliche Bedeutung der Geschlechtskrankheiten. Gutachten. In: Zeitschrift für Bekämpfung der Geschlechtskrankheiten, Bd. 1, S. 26—66. Sonderabzug Leipzig 1903.

Kiefer, Ernst [Dr. med.], Über ärztliche Haftpflichtversicherung, Referat in der Versammlung des Vereins Nürnberger Spezialärzte vom 12. Nov. 1902. In: Straßburger Ärztliche Mitteilungen, 4. Jahrg., 1903, Nr. 2. 5. 6, S. 19—21. 54—56. 68—69.

Kühner, A. [prakt. Arzt], Die Kunstfehler der Ärzte vor dem Forum der Juristen. 1886.

— Der ärztliche Stand und dessen besondere Gefahren. 1888. („Supplement" zum vorigen.)

— Acht Thesen nebst Motiven und Fragestellung betr. die rechtliche Verantwortung der Ärzte. 1887.

— Zur Würdigung kunstwidrigen Verfahrens. Vierteljahrsschr. für gerichtliche Medizin. 1893, VI, S. 106 ff.

Kühner, A. [prakt. Arzt], Über die strafrechtliche Verantwortlichkeit des Arztes bei Anwendung des Chloroforms und anderer Inhalations-Anästhetica. In: Berliner Kritik, 1892, Januar. Heft 43.

Landau, Hans [Rechtspraktikant], Arzt und Kurpfuscher im Spiegel des Strafrechts. München 1899.

v. Lilienthal [Prof. jur.], Die pflichtmäßige ärztliche Handlung und das Strafrecht. In: Festgabe der jurist. Fakultät Heidelberg für E. J. Bekker. 1899.

Loewenfeld, Theodor [Rechtsanwalt u. Privatdoz.], Über den Dienst-, Werk- und Auftragsvertrag nach dem Entwurfe des BGB. Mit bes. Rücksicht auf die Verhältnisse der Rechtsanwaltschaft, der medizinischen Praxis und anderer wissenschaftlicher Berufe. In: Gutachten aus dem Anwaltstande, Heft 10, S. 858—932. Dazu S. 1313—1314.

Mair, Ignaz [Kgl. Bezirksarzt], Gerichtlich-medizinische Casuistik der Körperverletzungen und Tödtungen durch mechanisch-physische Gewalt. 1881.

— Die mit Übertretung der Berufspflichten begangenen fahrlässigen Körperverletzungen und Tödtungen der Ärzte. In: Friedreichs Blätter für gerichtl. Medizin, 39. Jahrg., 1889, S. 103—115. 218—236. 422—457.

— Gerichtlich-medizinische Casuistik der Kunstfehler. 1894.

— — Supplementband. 1895.

Manes, Alfred [Dr. ph. et jur.], Die Haftpflichtversicherung: Ärzte S. 237—240. 1902.

Moll, Albert [Dr. med.], Ärztliche Ethik. 1902.

Oppenheim, L. [Prof. jur.], Das ärztliche Recht zu körperlichen Eingriffen an Kranken und Gesunden. 1892.

Rapmund, O., und *E. Dietrich,* Ärztliche Rechts- und Gesetzeskunde. 1898.

Rudeck, Wilhelm [Dr. med.], Medizin und Recht. 1899.

Schatz [Prof. med.], Über die Verantwortlichkeit des Geburtshelfers, Vortrag im Rostocker Ärzteverein am 9. Nov. 1895. In: Ärztliches Vereinsblatt, 23. Jahrg., Nr. 1 vom 1. Jan. 1896.

Schmidt, Richard [Prof. jur.], Die strafrechtliche Verantwortlichkeit des Arztes für verletzende Eingriffe. 1900.

Sterzing [Med.-R.], Straf- und zivilrechtliche Verantwortlichkeit des Arztes, Vortrag im Verein der Ärzte des Herzogtums Gotha. In: Korrespondenzblatt von Thüringen, 1903, Nr. 1 (dem Verf. nicht zugänglich).

Stooß, Carl [Prof. der Rechte], Chirurgische Operation und ärztliche Behandlung. Eine strafrechtliche Studie. 1898.

Unfallversicherungs-Praxis, Die. Der Arzt und die Haftpflicht. Nr. vom 15. Okt. 1900.

Virchow, Rudolf, Kunstfehler der Ärzte. Gutachten der kgl. wissenschaftlichen Deputation für das Medizinalwesen. (Eine Anlage zu den Motiven des Strafgesetzentwurfs für den Norddeutschen Bund, S. 22). Referent: Virchow. In: Virchow, Gesammelte Abhandlungen aus dem Gebiete der öffentlichen Medizin und der Seuchenlehre. Bd. 2, 1879, S. 514—522.

Wallmanns Versicherungszeitschrift, Jg. 30, 1, 1895/6, S. 300—303. Die Haftpflichtversicherung der Ärzte.

Zimmermann, Das Rechtsverhältniß zwischen dem Arzte und dem Patienten. In: Archiv f. zivilist. Praxis, Bd. 56, 1873, S. 222—239.

Die medizinisch-technische Literatur über Kunstfehler ist in den Handbüchern der gerichtlichen Medizin verzeichnet, die ältere insbesondere bei Oesterlen, Kunstfehler der Ärzte u. Wundärzte und v. Säxinger, Kunstfehler in geburtshilflicher Beziehung, in Maschka's Handb. der gerichtl. Med. Bd. 3. 1882.

Einzelne Punkte betreffende Schriften sind an den entsprechenden Orten der Darstellung angeführt.

Über die Organisation der ärztlichen Haftpflichtversicherung enthalten verschiedene Äußerungen die Jahrgänge 1899, 1902 und 1903 des Ärztlichen Vereinsblattes und die „Unfallversicherungs-Praxis" 1903, Nr. 17 vom 1. Juni 1903.

Nachtrag.

Durch die Literaturübersicht von Prof. Schulz in der Deutschen Juristenzeitung vom 1. Juli 1904 wird Verfasser auf die folgende Schrift aufmerksam gemacht:

Kollbrunner, A., Dr., Die rechtliche Stellung des Arztes. Zürich. Druck von Aschmann & Scheller. 1903. Mit Gummi-Aufdruck: Albert Müller's Verlag, Zürich. (Im Buchhandel am 2. Mai 1904 erschienen. Wie es scheint, ist die Schrift eine juristische Inauguraldissertation. Sie behandelt auf S. 70—147 die zivilrechtliche Verantwortlichkeit des Arztes nach schweizerischem Recht.)

Otto Regel, Leipzig-N.

FSC
www.fsc.org
MIX
Papier | Fördert gute Waldnutzung
FSC® C083411

Kolibri 360 GmbH
Ferdinand-Jühlke-Straße 7
99095 Erfurt, Deutschland
produktsicherheit@kolibri360.de